Der Supermutti Burnout

mittelmäßig ist das neue perfekt

Jessika Severin

1. Auflage

Impressum

Originalausgabe E-Book: Juli 2019

An der Düne 9a, 15837 Baruth

Lektorat/Korrektorat

Tina Müller (www.tina-mueller.com)

Coverdesign: Sabina aus Bali

(www.fiverr.com/sabinaka)

Kontakt zur Autorin

gluecksucherin@gmx.net

oder

www.facebook.com/gluecksucherin

Widmung & Danke

Dieses Buch schreibe ich für meine beiden Kinder
Carlos und Sam
Ohne euch hätte nie erfahren, was es bedeutet, jemanden so sehr zu lieben, dass man von einem Moment auf den anderen wirklich alles verzeihen kann.
Geht euren Weg. Mit Liebe.

Und ich schreibe dieses Buch, um meinen großen Alltagshelden zu danken: den Erzieher/innen.
Und ich spreche sicher nicht nur für mich, sondern im Namen unzähliger Eltern im ganzen Land.
Ohne, dass ich bei euch an jedem Montagmorgen meine Kinder in gute Hände abgeben konnte
und somit dem Muttersein kurzzeitig entfliehen durfte, wäre es sicher nicht so glimpflich ausgegangen - ihr seid mehr wert, als ihr ahnen könnt!!!!!!

Ich danke dir Gott (oder wie auch immer du dich nennst)
für all die wunderbaren Geschenke und dafür,
dass stets zur rechten Zeit ein Ausweg da ist.

Danke für all die Lehrstunden, die mich immer mehr zu mir selbst führen.

Danke auch meiner Familie.

P., meinem Fels - ohne Worte, wie immer;-).

Und meiner Mutter. Ist *doch* nicht ganz ohne, das Muttersein ;-).

Danke, dass du immer zur richtigen Zeit da bist und weißt, was zu tun ist.

Über das Buch

Ja Leute, was soll ich sagen ... eigentlich steht alles, was es über dieses Buch zu wissen gibt, in Kurzform hinten drauf und ganz viel innen drin. Ich will euch auch nicht mit ständigen Wiederholungen langweilen. Dafür ist eure Zeit zu wertvoll, denke ich.
Also holt euch nen Kaffee oder ein Glas Wein und ne Tafel Schokolade und fangt einfach an zu lesen.
Oder macht was anderes Schönes, okay?

Inhaltsverzeichnis

Vorwort

(einigermaßen kurz, versprochen!)

Okay, ich habe lange überlegt, ob ich überhaupt ein Vorwort schreiben sollte. Denn meistens liest das eh keiner, oder? Ich zumindest nicht.

Aber dieses Vorwort ist für euch, liebe Mamas (und vielleicht auch Papas), also überfliegt es wenigstens.

Es ist sozusagen eine Hommage an euch und eure Unerschütterlichkeit.

Wie auch dieses Buch.

Ich habe es zum einen mit der Intention geschrieben, dadurch das aufarbeiten zu können, was mich die letzten Jahre bewegt und geprägt hat. Das war nochmal eine große Hilfe.

Zum anderen aber habe ich dieses Buch geschrieben für euch, die ihr Ähnliches durchlebt.

Für diejenigen unter euch, die sich auch so oft macht- und kraftlos fühlen und nicht wissen, wie sie den nächsten Tag noch meistern sollen.

Die, die permanent das Gefühl haben, den vermeintlichen Anforderungen an eine "gute" Mutter nicht gewachsen zu sein.
Und das als scheinbar *einzige* Mutter der Welt, wo alle anderen um uns herum es doch sichtlich mühelos wuppen, das Kindererziehen und Familienalltag stemmen.
Und das nahezu perfekt.

Dieses Buch habe ich für euch geschrieben ihr Supermütter, die es sooo gern einfach nur richtig gut machen wollen und dabei merken, dass genau dieser Anspruch eure mentalen, seelischen und körperlichen Kräfte übersteigt.
Für euch, die ihr auch hin und wieder Angst vor euren eigenen, manchmal frevelhaft unmütterlichen Gefühlen habt.

Es ist für euch!
Ihr seid nicht allein!
Ich habe feststellen dürfen, dass es ganz, ganz vielen von uns ähnlich ergeht wie ich es in diesem Buch beschreibe.
Diese Geschichte ist unsere Geschichte, wenn ihr mögt, ich habe sie für uns aufgeschrieben.

Und ganz oft habe ich mich dabei gefragt, ob ich diese Worte wählen darf, ob ich diese Gedanken und Gefühle, die mich bestimmt haben, überhaupt haben und gar teilen darf.

Aber ja, einer muss es tun. Ich möchte ein Tabu brechen. Oder vielleicht auch gleich mehrere.

Es ist für niemanden leicht, heutzutage Kinder großzuziehen. Sehr oft kommen wir an unsere Grenzen und das ist in Ordnung.

Wir Mütter sollten uns nicht länger als diejenigen sehen, die, egal wie sie es tun, es doch nur falsch machen können.

Indem wir erkennen, dass keiner perfekt ist und dass es vielen anderen genau jetzt überall auf der Welt ähnlich ergeht, nehmen wir die Last von unseren Schultern.

Ich möchte, dass *ihr* die Last nun von euch nehmt (oh Gott, das klingt aber wirklich theatralisch, was?).

Es ist nicht eure Schuld! Ihr seid die besten Mütter, die eure Kinder kriegen können!

Warum ich mir anmaße, das zu wissen?

Weil ihr alles in eurer Macht Stehende tut, um es richtig zu machen. Sonst hättet ihr zum Beispiel auch dieses Buch nicht vor euch liegen.

Aber manchmal muss man vielleicht die Blickrichtung ändern und mit Wertvorstellungen aufräumen, die nicht mehr in unsere Zeit passen.
Es ist an der Zeit, euch eurer Großartigkeit wieder bewusst zu werden, Kräfte zu tanken und neue Mittelwege (!) zu gehen.
Wir müssen schließlich die Welt retten, oder? Und unsere Kinder müssen es.
Also los Ladies, packen wir`s an!

Ach ja und noch kurz (haha) was zum Umgang mit diesem Buch:
Ich respektiere alle Menschen. Dieses Buch ist vorrangig für Mütter geschrieben. Das heißt aber nicht, dass ich alle anderen damit ausschließe. Aber dieses ganze "Gendergetue" ist mir echt ein bissel zu doof. Ich den ke, wir haben andere Probleme! Jedoch wie gesagt, ich sehe jeden Menschen als Individuum und trete ihm (?) auch so gegenüber. Dabei sind Aussehen, Geschlecht, Gesinnung und was auch immer zweitrangig, ehrlich!
Und ja, ich mag die deutsche Sprache in all ihren Facet ten seeehr gern. Ich bin stolz darauf, dass ich sie einigermaßen beherrsche und sogar als und wie unterscheiden kann ;-).

Manchmal habe ich jedoch so geschrieben, wie ich es auch spreche. Umgangssprachlich eben, teils sogar ein wenig gossip.
Und ich mag die Rechtschreibung und Grammatik, die ich früher in der Schule gelernt habe. So in den 90ern. Manchmal habe ich die einfach durchgesetzt. Meine Lektorin wollte das ändern, aber ich habe beschlossen, es hier und da so zu lassen, weil ich finde, dass es schöner aussieht.
Und ich mag gern Schachtelsätze, werdet ihr sehen. Aber auch kurze Sätze. Ganz kurz. Finde ich megacool. Ansonsten steh ich voll auf das hier: ...
Also vergebt mir bitte den ein oder anderen vermeintlichen Fehltritt. Das ist (meist) gewollt.
Ach ja und ich kriege es verdammt nochmal nicht hin, die Anführungsstrichelchen unten zu setzen. Deshalb habe ich mich kurzerhand für die englische Version entschieden. Sorry.
Seht ihr mir das bitte ebenfalls nach?
Ich danke euch für euer Verständnis und wünsche euch natürlich viel Spaß beim Lesen!!!!!!!!!!!!

Kapitel 1

Bittere Erkenntnis

1

Bittere Erkenntnis

Es war irgendein Tag im März letzten Jahres, als ich mir endgültig eingestehen musste, dass mein Projekt gescheitert war. Ein Projekt gleich einer Mission, welches ein paar Jahre zuvor so verheißungsvoll und gespickt mit hohen Erwartungen, hoffnungsvollen Visionen und ganz viel Vorfreude begonnen hatte.

Doch nun saß ich kümmerlich am Boden unseres Wohnzimmers und sah all die Trümmer meines herrlichen Kartenhauses vor meinem geistigen Auge so deutlich wie nie zuvor.

Was war geblieben von all den Träumen, Plänen und Vorhaben?
Ganz einfach: nichts.
So jedenfalls schien es mir in diesem Moment, als ich dort saß, total erschöpft sowie mut- und hoffnungslos.

Ich wollte doch nur alles richtig machen, hatte mich wirklich gut vorbereitet und war auch bereit, hart zu arbeiten. Doch wohin hatte mich all das gebracht?
An den Rand dessen, was ich glaubte körperlich und psychisch aushalten zu können.

Ja ehrlich, ich fühlte mich an jenem Tag so schwach wie, so glaubte ich, noch nie zuvor.

Na gut, das klingt doch ziemlich dramatisch, aber ihr kennt sicher ähnliche Momente, in denen alles viel schlimmer scheint, als es wäre, würde man einen objektiven, realistischen Blick drauf werfen. Aber realistisch war dieser Moment nun mal nicht.
Ich malte gerade in den schwärzesten Farben.
Vielleicht lag es auch nur an der Erkältung, von der ich mich gerade erholte, oder am akuten Schlafmangel, in den ich geraten war, weil meine damals zweijährige Tochter die letzten zwei Wochen ebenfalls an einem Infekt gelitten hatte, der das hochfiebrige Kind nachts so unruhig schlafen ließ und ich als Mutter *natürlich* an ihrem Bett wachte?
Egal, das war jedenfalls nicht die *Ursache* dieses Gefühls, das mich an jenem Tag so deutlich wie nie zuvor be-

schlich, sondern lediglich der berühmte Tropfen in dem Fass und so.

"Du hast versagt" konstatierte die Stimme in meinem Kopf "und zwar auf ganzer Linie". Und sie hatte recht.

Eine Supermom wollte ich sein. Eine stylische, coole selbstverständlich, nicht so ökomäßig. Eine, die es liebt, den ganzen Tag ganz viele Kinder um sich zu haben, für sie zu backen und mit ihnen zu spielen. Eine, die nur milde lächelt, wenn den Kleinen das Glas mit der (Bio)milch umkippt, um es dann ganz schnell und ohne ein Wort der Schelte wegzuwischen. Eine Mutter, um die meine Kinder von ihren Freunden beneidet werden, weil sie immer relaxt ist und nie schimpfen muss. Weil auch die Kinder durch die gute, liebevolle Erziehung instinktiv wissen, was richtig und falsch ist und die selbstbewusst ihren eigenen Weg gehen, weil ihre Mama sie darin bestärkt. Eine Mutter, der man all seine Geheimnisse anvertraut, quasi eine beste Freundin zum Kuscheln.

Ja, so und noch viel mehr wollte ich sein. Und was war daraus geworden?

Die Mom, die mich an diesem Tag im März aus dem Spiegel heraus ansah, hatte als einzigen Stylingpluspunkt vielleicht die doch einigermaßen akkurat geschminkten Augen vorzuweisen, der Rest dieses Körpers schien zu schreien: Bitte, bitte schlaaaafen, Kosmetik, Friseur, Einwegrasierer, Vitamine, Sport, schlaaaaafen!!!

Die grauen Haaransätze einer Greisin und die verkrusteten Pickel einer Pubertierenden, gepaart mit herabhängenden Mundwinkeln und müden Augen markierten mein äußeres Erscheinungsbild.

Das Schlimmste daran war aber tatsächlich, dass mein Aussehen mein kleinstes Problem zu sein schien.

Und sonst?

Das Einzige, was meine Kinder zu dieser Zeit an selbst gebackenem vorgesetzt bekamen, waren die Halbfertigbrötchen aus der Aludose (die, die beim Aufreißen so ploppt ;-)), welche man nur ein paar Minuten in den Ofen schieben musste. Und das auch nur am Sonntag.

Ich vermied, sofern es irgendwie ging, andere Kinder einzuladen, weil die mich noch mehr nervten als meine eigenen. Und das schien kaum zu überbieten zu sein. Denn Besagte waren den ganzen Tag am Streiten, Heulen und Schreien. Dabei unterstützte ich sie tatkräftig.

Ich heulte viel und von meiner Tochter wurde ich mehr oder weniger liebevoll "die Beschreierin" genannt. Leider irgendwie zu Recht. Sollte zum Beispiel jemand wagen, etwas umzuschütten, bekam ich, je nach Menge und Schadenshöhe einen mittleren bis schweren Tobsuchtsanfall und schrie, während ich furiengleich versuchte, die angerichtete "Katastrophe" zu beseitigen, alle Umstehenden an, warum sie mir das denn antaten und ob ich hier für alle nur die Putze wäre, die ja sonst nix zu tun hätte, als den lieben langen Tag deren ganz sicher vorsätzlich (!) verursachten Dreck wegzuwischen. Manchmal, je nach Hormonlage (verdammtes PMS), konnte ich sogar schreien und heulen gleichzeitig. Und ja, die für mich schönsten Momente waren tatsächlich die, in denen ich die Kita-Tür am Montagmorgen hinter mir schloss und registrierte, dass ich nun endlich wieder ein paar Stunden nicht Mutter sein musste, wobei mir an manchen Montagen, nachdem die Wochenenden besonders anstrengend gewesen waren, ob dieser Erkenntnis sogar ein paar Tränen der Erleichterung kamen. Ohne Scheiß.

Toll. Ganz große Leistung. Supermutti, ha! Ich war so nahe daran, einer Supermutti gleichzukommen wie der

Hase daran, endlich den Igel im Wettrennen zu besiegen.

An jenem Tag im März übermannten mich plötzlich solch verheerende Schuld- und Ohnmachtsgefühle bezüglich meiner Unfähigkeit, alles unter einen Hut zu bekommen, dass ich nur noch leeren Blickes vor mich her starren konnte. Tränen waren keine mehr. Und dabei wusste ich noch nicht einmal, was ich hätte anders machen können. Ich spürte nur, dass sich dringend etwas ändern *musste*. Ich konnte einfach nicht mehr. Und eine Mutter wie die, zu der ich geworden war, hatten meine Kinder nicht verdient.

Dabei begann doch aber alles so verheißungsvoll ...

Kapitel 2

Wie alles begann

2

Wie alles begann

Yes, ich wurde tatsächlich Mutter.

Komisches Gefühl.

Ein neuer Lebensabschnitt. Was wirklich Sinnvolles sollte nun kommen, etwas, das ich mir so lange nicht zugetraut hatte.

Nun aber war es soweit. Wir sollten wahrhaftig ein Kind bekommen.

Unser Leben würde von nun an eine völlig neue und gar spektakuläre Bedeutung bekommen. Ich fühlte mich so aufgeregt als wäre ich die erste Frau, die jemals ein Kind bekam. Die Welt drehte sich von nun an ein bisschen anders und ich erwartete, dass alle anderen das auch bemerkten.

Ich selbst war vorbereitet. Nicht nur das, ich war sogar *bestens* vorbereitet, könnte man sagen.

In meinem Schrank standen alle erdenklichen natürlichen und unnatürlichen Vitamin- und Mineralstoffdöschen, mein Bücherregal beherbergte bereits eine immer umfangreicher werdende Ratgeberabteilung für

Schwangerschaft, Baby- und Kindererziehung und ich nahm verantwortungsbewusst jede nur mögliche Vorsorgeuntersuchung wahr. Wäre damals dieses "angeldingsbums", mit dem man die Herztöne hören kann, schon populär gewesen, hätte ich auch dies gehabt, nur, um mein Baby im Bauch auch ja keinen Moment unbeobachtet zu lassen.

An dieser Stelle sei zu meiner Rechtfertigung erwähnt, dass ich schon einmal ein Baby verloren hatte, was mich zwar damals nicht sonderlich störte (war erst 7. Woche und ich wusste, dass die Natur so eben, ganz profan gesagt, das, was nicht funktioniert, aussortiert), jedoch in dieser Schwangerschaft die Angst schürte, dass es wieder passieren könnte und ich unfähig wäre, Kinder zu bekommen.
Dem war Gott-sei-Dank nicht so und ich wurde von Woche zu Woche erwartungsgemäß runder und auch zufriedener.
Jeden Tag googelte ich die Entwicklung meines Babys und wirkte und fühlte mich auch wie eine wirklich glückliche Schwangere.
Denn ich war nicht nur rein äußerlich gut vorbereitet auf diesen Trip, nein, ich überließ schier nichts dem

Zufall. So hatte ich ein Jahr im voraus* bereits mit dem Rauchen aufgehört (und das war ein Höllentrip, ehrlich!) und mich gesundheitlich total gepimpt mit allerlei gesundem Zeugs, so dass ich dem Baby eine gesunde "Brutstätte" bieten konnte.
Außerdem wusste ich auch beruflich endlich, was ich wollte, denn vorher irrte ich, nachdem ich meinen gut dotierten Job auf der Suche nach etwas Sinnvollerem gekündigt hatte, ewig ziemlich ziellos in der Berufs- und Studienwelt herum und gelangte schließlich zu dem, was ich auch heute noch als (meinen) Traumberuf bezeichne und begann eine Heilpraktiker-Ausbildung.
Alles kurz bevor ich dann schwanger wurde.

Ich würde jetzt mal nicht behaupten, dass ich das Kind in meinem Bauch schon irgendwie liebte und auch, als mein Sohn dann geboren wurde und ich ihn das erste Mal auf dem Arm hielt, war es in dem Moment nicht Liebe auf den ersten Blick. Sondern, und dafür schämte ich mich natürlich auch sehr, überwog die Erleichterung, es endlich geschafft zu haben. Nun ja, der kleine Kerl war von Anfang an mit einem Dickkopf gesegnet (es hätte mir gleich eine Warnung sein sollen) und ich somit überglücklich, dass ich es fertig gebracht hatte, diese 39cm Umfang ohne (noch) größere Schäden an Leib und Leben ans Licht der Welt zu befördern. Mein Gott, wenn ich daran denke, ich hatte danach tatsächlich eine Woche lang zum lieben Gott gebetet, er möge mich vorm Stuhldrang bewahren. Ihr wisst bestimmt, was ich meine...

Aber dann, als das Gefühl der Erleichterung und auch die Erschöpfung etwas nachgelassen hatten, konnte ich mich an ihm nicht satt sehen. Das ging fast soweit, dass ich, als ich nach drei Tagen das Krankenhaus verlassen durfte, irgendwie glaubte, dass dieses Wunderkind mit all seiner Schönheit und Weisheit(?) wohl irgendwann die Welt retten würde ... der Heiland 2.0 war geboren!!! Herrgott verzeih diese Blasphemie, aber Mädels, ihr wisst sicher wieder, was ich meine, oder?

Jedenfalls war ich also *wirklich* gut vorbereitet und das "Abenteuer Kind" konnte beginnen. So fuhren wir denn nach Hause, um unseren kleinen Engel den neugierigen Verwandten zu präsentieren, wobei ich vor Stolz und Selbstbewusstsein zu platzen drohte.

Und meine Gedanken gingen alle ungefähr in diese Richtung:

Sooo ihr Generationen von Müttern vor mir, versteckt euch gut, denn jetzt komm ich mit all meinen guten Vorsätzen, durchdachten Plänen, besten Voraussetzungen und, nicht zu vergessen, einem randvoll mit Liebe gefüllten Herzen und der Sonne, die mir aus dem Hintern scheint, um euch alle in den Schatten zu stellen. Das sagte ich zwar nie laut (ich bin ja nicht ganz doof), aber ganz ehrlich, ich glaubte schon, dass ich es besser machen konnte. Ich würde alles dafür tun. Klar würde es manchmal auch schwierig werden, das kalkulierte ich ein. Aber ich war mir sicher, dass ich es mit meiner Tatkraft und eben mit der Liebe einer Mutter schon schaffen würde. Und das eben nicht nur *gerade so*. Sondern richtig gut.

Was sollte denn unter diesen Voraussetzungen auch schief gehen?

Ich ahnungslose...

**ja, schreibt man jetzt wohl klein*

Kapitel 3

Pure Glückseligkeit – wunderbare Babyzeit

3

Pure Glückseligkeit – wunderbare Babyzeit

Ach es war einfach nur herrlich! Ich genoss mein neues Dasein als Mutter sooo sehr. Ich liebte wirklich und wahrhaftig einfach alles daran.
Da war endlich etwas, das mich komplett erfüllte, mir *den* Sinn gab, nach dem ich schon so lange gesucht hatte.
Zugegeben, mir fehlte natürlich zunehmend Schlaf, da ich, wie man es eben macht, wenn man es (heutzutage) richtig machen möchte, nach Bedarf stillte. Manchmal eben auch alle zwei Stunden.

Egal, denn das konnte meiner guten Grundstimmung wahrlich keinen Abbruch tun.
Meine Tage waren erfüllt mit Dingen, die man eben so tut als Mutter eines Babys.
Ich beobachtete und knuddelte mein Kind, stillte, beobachtete und knuddelte mein Kind, wickelte, beobachtete und knuddelte mein Kind, spazierte, beobachtete &

knuddelte, stillte, beobachtete und knuddelte, wusch die süßen kleinen Strampler und wenn ich alles erledigte hatte, saß ich einfach nur da und beobachtete und knuddelte mein Kind.

Und an manchen Tagen gingen wir aus. Zum PEKIP-Kurs, zur Babymassage, zum Babyschwimmen und zur Krabbelgruppe, lange übrigens bevor mein Sohn überhaupt die ersten Versuche unternahm, den Po vom Boden zu heben, geschweige denn zu krabbeln.

Um genau zu sein, gingen wir ziemlich oft aus, weil ich nach ein paar Wochen schon doch ein klitzekleines bisschen Langeweile bekam so ganz allein mit meinem Kind zu Hause.

Aber nur ein bisschen. Nicht der Rede wert. Alles in allem war mein "Projekt Kind" wirklich gut angelaufen. Ich hatte das Gefühl, dass ich alles richtig machte.

Das blieb auch noch eine Weile so, weil ich selbstverständlich auch nichts dem Zufall überließ. Ich wusste genau, was wann und wie gut für mein Kind ist und dachte über alles, was missverständlich oder schwierig war, lange nach um die bestmögliche Lösung zu finden.

Und ich probierte viel aus. Ich ließ ihn am Abend, wenn er partout nicht einschlafen wollte, schreien, aber da mir das das Herz zerriss, stillte ich ihn in unserem

Bett und schlich mich dann, nachdem er eingeschlafen war, hinaus. Das ging nur kurz gut, denn er schien zu spüren, dass ich weg war und schrie alsgleich wieder los, als hätte ihm der Leibhaftige einen Besuch abgestattet. Ich baute eine Ersatzmami aus dem Stillkissen und zog diesem sogar ein Shirt von mir an. Naja, das funktionierte ein paar Minuten länger (wahrscheinlich bis meine Stillkissenmutti kalt wurde), dann das gleiche Spiel von vorn.

Letztendlich half uns der Föhn aus der Patsche. Jeden Abend schaltete ich nun diesen Föhn an, legte ihn aufs Fensterbrett und mein Sohn schlief unter dieser Geräuschkulisse tatsächlich ruhig und beseelt ein. Ebenso, wie ein glückliches Baby das (Herrgott nochmal) tun sollte.

Klar, die Stromkosten nahmen bis dato unbekannte Ausmaße an und umweltgerecht konnte man das auch nicht nennen, aber ich war trotzdem stolz darauf, einen guten Kompromiss gefunden zu haben.

Warum ich das so ausschweifend erzähle?

Weil ich damit zeigen will, dass man immer irgendeine Lösung findet, wenn man die Zeit und die Nerven hat, sich sehr lange damit zu beschäftigen und es keine weiteren Einflussfaktoren gibt. Ich hatte damals überschaubare Probleme und sowohl viel Zeit als auch mega strapazierfähige Nerven (aus heutiger Sicht waren sie das sehr wohl). Welch selige Zeiten!

Alles was ich wollte war, dass mein Kind glücklich und selbstbewusst sowie gesund und unbeschwert aufwachsen kann. Wie die in der Hipp-Werbung.
Und dass ich dabei eine unbeschwerte und glückliche Mama bin, die ihre Aufgabe mit Leichtigkeit erfüllt. Wie die in der Pingui-Werbung.

Dafür war ich bereit, allerhand zu tun.

Kapitel 4

Agenda für eine perfekte Kindererziehung 1.0

Bindung ist das A und O

4

Agenda für eine perfekte Kindererziehung 1.0

Bindung ist das A und O

So. Es gab also viel zu tun und zu beachten. Aber ich war ready. Mehr als das, ich sprühte quasi vor Elan um alles dafür zu tun, dass mein Kind beste Voraussetzungen vorweisen konnte, die es ihm ermöglichen würden, einen 1a Start ins Leben zu bekommen. Oberste Priorität hatte da ganz klar die Mutter-Kind-Bindung, das hatte ich nun wirklich aus *jedem* meiner zahlreichen Ratgeber herauslesen können.

Man muss die Bindung stärken, die ersten Lebensjahre sind die wichtigsten.

Wenn du das verpasst, haste praktisch schon verloren! Und das musste ich natürlich um jeden Preis verhindern!

Gesagt und umgesetzt. Ich ließ mein Kind also bei uns im Bett schlafen, stillte, wann immer dem Kind danach

war und sorgte auch sonst für ständigen Körperkontakt, damit es ja genügend Bindung aufbauen und ein zufriedener Erwachsener werden konnte.
Gern hätte ich meinen Jungen auch, wie eigentlich unumgänglich, wenn mans richtig machen möchte, im Tragetuch überall herumbugsiert, um nur die Nähe zur Mutter nie zu unterbrechen, jedoch wollte der kleine Kerl da einfach nicht sein.
Vielleicht war ihm das an Nähe schlichtweg zu viel?
Ich sorgte dafür, dass, wenn sich die kleinen Kulleräuglein öffneten, möglichst immer die Mama im Blickfeld war, sodass er nie das Gefühl haben musste, verlassen zu sein und womöglich schon in dem Alter Trennungsängste entwickelte. Wenn ich nicht im gleichen Zimmer sein konnte, redete ich laut, damit er wenigstens noch meine Stimme hören konnte. Nie war zu der Zeit eine Tür zwischen uns geschlossen. Wenn ich duschen ging, nahm ich ihn in der Babyschale mit ins Bad, später schob ich seinen Kinderstuhl vor die Dusche.
Ich war froh, wenn mich so manch anderes Bedürfnis in dem Zeitrahmen überkam, in dem er schlief, und ich wenigstens auf dem Klo allein sein konnte, ohne ein schlechtes Gewissen zu haben. Aber wenn er da gerade wach war ... so what, was tut man nicht alles?!

Und das zog ich natürlich auch später und auch noch bei meiner Tochter knallhart durch.
Ich kettete jedes der Kinder quasi an mich.
Wäre der Burn-out nicht gekommen, würde man mich heute mit Sicherheit zu den sogenannten Helikoptermüttern zählen, denn ich wollte in den ersten Jahren immer bei meinem Kind sein. Zum einen, weil ich es natürlich vor der Welt schützen musste, zum anderen, weil es so extrem wichtig für die gesunde Entwicklung eines Kindes ist, eine gute Bindung zur wichtigsten und erstmal ja einzigen Bezugsperson zu haben.
Denn nur dadurch kann sich das Kind frei entfalten. Ihr werdet wissen, wovon ich spreche, denn es ist ja mittlerweile wohl weithin bekannt, dass Kinder genau dadurch ihren Selbstwert und Selbstvertrauen entwickeln und ... na ja, ihr wisst doch, was gemeint ist.
So also ließ ich meinen Goldjungen quasi nicht mehr aus den Augen. Und das meine ich wörtlich. Ich musste immer genau wissen, was er tat und ich wollte jede Erfahrung direkt mit ihm teilen, deshalb war ich auch eine jener Mütter, die immer mit auf dem Klettergerüst herumhangelten. Dies meist unter den verwunderten Blicken der anderen Mütter, die sich auf der Bank miteinander unterhielten und nur so ganz nebenbei einen

Blick hinüber zum spielenden Nachwuchs warfen. Ich muss dazu sagen, dass wir in einer ziemlich hinterwäldlerischen Kleinstadt (und das meine ich von Herzen positiv, meistens zumindest ;-)) wohnten und es immer noch tun. In Berlin Prenzlauer Berg wäre auf dem Klettergerüst wahrscheinlich gar kein Platz mehr für mich gewesen, weil da so viele Mütter und Väter rumturnten mit der gleichen Intention wie ich, aber hier bei uns war ich die Einzige. Damals dachte ich noch, dass mich die anderen Mütter insgeheim bewunderten für mein verantwortungsbewusstes Engagement und dass sie neidisch waren auf den Spaß und die lustigen Momente, die ich da oben auf dem Klettergerüst mit meinem Sohn teilte.

Heute weiß ich besser, was sie wahrscheinlich dachten... Damals jedoch war ich mir meiner mütterlichen Fähigkeiten so sicher, dass ich keinen Zweifel zuließ.
Natürlich hätte ich niemals übers Herz bringen können, mein Spätzchen irgendwo anders als bei mir übernachten zu lassen, somit kam das Kind nur selten und nur für kurze Zeit in den Genuss von großmütterlicher Fürsorge.

Klar sollten die Omas ihren Enkel, auf den sie zu Recht sehr stolz waren, auch sehen, jedoch wollte ich das nicht überspannen. Sie waren mir doch zu sehr von ihren eigenen, in meinen Augen und sicher auch in den Augen von Jesper Juul, Herbert Renz-Polster und Co. absolut überholten Denkweisen, was die Erziehung eines Kindes anbelangt, überzeugt und ich wollte nicht riskieren, dass sie mir das versauten. So.

Und wo wir gerade mal so ehrlich sind, hatte ich auch echt Angst. Dazu muss ich kurz ausholen.

Meine Mutter war, als sie mich bekam, gerade mal zwanzig Jahre alt und wollte eben noch was erleben. Somit habe ich selbst als junges Mädchen viel Zeit bei meiner Oma verbracht. Und ich liebte meine Oma (tue ich heute noch). Sie hat mir so viel beigebracht, viel mit mir unternommen und hat nicht unerheblich dazu beigetragen, dass ich meine eigene Kindheit im Rückblick als ziemlich glücklich betrachte.

Und das durfte bei meinem Kind nicht passieren. Mein Sohn sollte doch seine Omas nicht genauso liebhaben wie seine Mama!

Nahein, an erster Stelle steht ganz klar die Mutter. Und danach sollte auch ganz lange nichts kommen. Vielleicht noch der Papa, aber keinesfalls eine andere Frau, die es dann womöglich auch noch anders oder gar *besser* machte? Niemals! Punkt.

Ich glaube, mein Sohn war knapp vier, als er das erste Mal bei einer seiner Omas übernachtete. Und wenn ich mich recht erinnere auch nur, weil in dieser Nacht seine Schwester zur Welt kommen sollte.

Nun wisst ihr also, wie sehr ich an meinem Jungen hing. Im wahrsten Sinne des Wortes.

Und dann könnt ihr euch auch vorstellen, wie schwer es mir fiel, das Kind mit einem Jahr in die Tagespflege zu geben.

Jedoch musste ich wieder mit meinem Studium weitermachen und ... ich fing auch an, mich nicht nur ein wenig, sondern ziemlich arg zu Hause mit Kind zu langweilen. Was ich natürlich nie zugegeben hätte und was mir auch große Schuldgefühle bereitete. Ich hoffte, dass das nur eine Phase sein würde. Schließlich waren das doch die wertvollsten Jahre und die musste man genießen ...

Doch trotzdem war ich dankbar dafür, mein Kind halbtags zu einer Tagesmutter bringen zu können. Klar, die Tagesmutter suchte ich mit viel Bedacht aus. So entschied ich mich für eine nette, nicht zuuu liebevolle (Gründe siehe oben) Tagesmutter, die sehr viel Zeit mit

den Kleinen draußen verbrachte. Ein Punkt, der mir sehr wichtig war, was ich später noch erklären werde.
Und ich gab mir sehr viel Mühe, eine Art von Beziehung zu dieser Frau aufzubauen, die ja nun, wenn auch nur ein paar Stunden am Tag, die Verantwortliche für meinen Jungen sein sollte.
Und das klappte erstaunlich gut. Wir unterhielten uns viel beim Abholen und ich wusste so gut wie über alles Bescheid, was mein Sohn am Tag erlebt hatte. Jede volle Windel, jede Schippe, die er einem anderen Kind entwendet hatte (oder umgekehrt) und eben all den eigentlich völlig uninteressanten Kram hinterfragte ich detailgenau. Na gut, weil sich das alles dann eigentlich immer nur wiederholte, fragte ich auch nicht mehr so genau, ich bin (und war) ja auch nicht völlig bekloppt.
Das war eine gute Zeit und ich ertappte mich schon dabei, dass ich die Zeit ohne Kind auch ziemlich genoss. Was ich natürlich keinem erzählte. Offiziell tat es mir immer seeeeehr leid, dass ich meinen Sohn in dem Alter schon fremdbetreuen lassen musste. Das redete ich mir selber übrigens auch ein. Aber es waren diese ganz kleinen Seufzer der Erleichterung, das kurze, fast unmerkliche Durchatmen, wenn ich die Tür der Ta-

gesmutter morgens wieder hinter mir schloss, was mir bewies, dass ich mich selbst betrog.

Und dann kam irgendwann die Kita.

Oh je. Die erste Kita war eine Katastrophe, weil ich das Gefühl hatte, dass mein Kind dort überhaupt nicht für voll genommen wurde und aus Angst, die Seele meines Jungen könnte ernsthaften Schaden nehmen, brachte ich ihn nur kurze Zeit später in einer anderen Einrichtung unter, von deren pädagogischem Konzept ich eigentlich ganz angetan war.

Gut, ich konnte, wie gesagt im tiefsten Land Brandenburg keine selbst gekochte Biokost erwarten (was mich übrigens auch heute noch beschäftigt) und mit dem Betreuungsschlüssel von 5 Kindern pro Erzieher gab ich mich nur mäßig zufrieden. Aber ich hatte das Gefühl, dass mein Engelchen dort in seiner Persönlichkeit erst genommen wurde, zumindest gab man sich Mühe, mir diesen Eindruck zu vermitteln.

Und das war okay und der Junge ging gern dort hin.

So weit, so gut.

Jedoch gab es eine Sache, die mir gehörig missfiel.

Ich bekam kaum noch Informationen. Immer wenn ich ihn abholen kam (das mittlerweile sogar manchmal nachmittags, wenn ich zur Schule musste oder zum

Arbeiten, was ich auch gelegentlich tat), hieß es immer nur: alles okay. Und damit sollte ich mich allen Ernstes zufriedengeben. Dabei brannten mir so viele Fragen auf der Seele: Wie hat er geschlafen? Hat er schön gespielt? Womit hat er am meisten gespielt, was sind seine Vorlieben, sprich, was sollten wir fördern? Wie schätzt ihr denn eigentlich seine Feinmotorik ein, sollten wir daran noch arbeiten oder ist er so wie die anderen? Oder gar besser? Hat er gut gegessen? Wie spielt er mit anderen? Kann er sich durchsetzen? Wie sind seine sozialen Kompetenzen generell ausgeprägt?

Aber da standen schon andere Eltern hinter mir, die sich mit ihrem Kind verabschieden wollten und die auch scheinbar nicht das Bedürfnis hatten, am Kindergartenleben ihres Kindes teilhaben zu wollen. Also blieb für Fragen weder Zeit noch traute ich mich in Anbetracht dessen, dass ich die Einzige zu sein schien, die gern eine Antwort darauf gehabt hätte. Und ich wollte auch nicht komisch wirken. Also unterließ ich zukünftig etwaige Versuche, an Informationen zu kommen und interviewte stattdessen meinen Sohn auf dem Nachhauseweg.

Das war gelinde gesagt, sehr einsilbig und nervte ihn tierisch. Aber ich ließ nicht locker. Alles musste ich wissen. Gab es einen Grund für mich, zu intervenieren? Wurde er gar ungerecht behandelt, nicht genug gewürdigt? Aber aus dem Kerl war nichts herauszubekommen.

In dieser Zeit überkam mich das erste Mal das Gefühl, dass ich nicht immer alles im Griff haben würde. Und das war gar nicht schön.

Aber an meinem Bindungsverhalten änderte dies nichts. Ich hatte ihn ja immer noch die meiste Zeit des Tages für mich und da konnte ich ihm das Gefühl von Sicherheit und Geborgenheit vermitteln. Was ich auch tat. Mit absoluter Vehemenz!
Schließlich sollte sich das Kind doch selbstbewusst und frei entwickeln können...

Kapitel 5

Er hat kein ADHS, er ist hochbegabt

oder

warum Förderung so wichtig ist

5

Er hat kein ADHS, er ist hochbegabt

oder

warum Förderung so wichtig ist

Bevor ich Mutter wurde, war mir ein guter Rat aus unserem Bekanntenkreis mitgegeben worden, den ich für besonders wichtig erachtete:

Du kannst nicht früh genug damit beginnen, die körperliche und geistige Entwicklung deines Kindes zu fördern, ja du bist sogar dazu verpflichtet, dich hierfür bestmöglich einzusetzen.

Aha. Kein Problem für Supermutti!

Ich hörte also bereits zu dem Zeitpunkt mit dem Rauchen auf, als ich bereit war, ein Kind in die Welt zu setzen. Und das war schon mal nicht schlecht für den Anfang, wie ich fand. Denn ich war eine Raucherin, auf die die Rauchercommunity stolz sein konnte. Der Morgen nach einer durchsoffenen, mit mindestens 40 Zigaretten durchfeierten Nacht begann bei mir mit einer Tasse Kaffee und einem gemütlichen Zigarettchen.

Auch, wenn mir davon schlecht wurde (die zweite schmeckte dann ja wieder;-)).

Und das gab ich auf.

Ein großes Opfer.

Alles fürs Baby.

Und natürlich ernährte ich mich gesund und schaufelte allerlei Nahrungsergänzungsmittel in meinen neuschwangeren Körper, versuchte, Stress jeglicher Art zu vermeiden und instruierte, logisch, auch mein gesamtes mittelbares und unmittelbares Umfeld in Rücksichtnahme, da *ich* ja nun ein neues Leben in mir trug.

Auch bewegte ich mich für meine Begriffe ausreichend an der frischen Luft, jedoch nahm ich es hiermit ehrlicherweise nicht so genau, da ich ja schon mit dem Rauchen aufgehört hatte (ich kann das nicht oft genug erwähnen, was?!). Allein diese Tatsache sorgte schließlich schon dafür, dass nun eine riesige Menge an vorher nicht da gewesenem Sauerstoff fürs Kindchen bereitstand. Das sollte doch ausreichen.

Weiterhin hörte ich auch, wie das damals gerade Trend war, viel klassische Musik, was angeblich die Hirnreifung des Fötus positiv beeinflussen soll.

Nun ja, so recht glaubte ich da nicht dran, aber ich hörte ohnehin gern Mozart und Co. und somit stellte das

für mich keine große Beeinträchtigung dar. Außerdem genoss ich beim Autofahren gern richtig harte und laute Rockmusik (na vielleicht eher so mittelhart wie AC/DC, Foo Fighters und Kid Rock) und das fand ich dann nur gerecht, weil ich, und das sah auch der Papa so (ein leidenschaftlicher Rockfan), das Baby nicht beeinflussen wollte, was seinen Musikgeschmack anging. Es sollte schließlich von Anfang an selbstbestimmt aufwachsen. Die Affinität zur Rockmusik hat sich im Übrigen durchgesetzt, sehr zur Freude des Vaters ;-).
Als unser Sohn dann auf der Welt war, verstärkte ich das Förderprogramm natürlich etwas und wie schon vorher erwähnt, zog ich mit ihm zu jeglicher Baby- (und Mutti-)Bespaßung, die im näheren Umkreis angeboten wurde.
Babymassage für Bindung und Motorik wo wir, wieder bei klassischer Musik, unsere Kinder nach einer ganz bestimmten Technik mittels Unmengen von Öl eben massierten, PEKiP für ach-was-weiß-ich, wobei ich lernte, wie man Windelpuppen und Reisrasseln baut und auch, wie ich mein Kind fördern konnte, indem ich mit farbigen Tüchern vor seinem Gesicht hin und her wedelte. Natürlich ging ich auch zum Babyschwimmen und nur der regelmäßigen Teilnahme daran schrieb ich

es zu, dass mein Sohn tatsächlich relativ früh schwimmen konnte (was vielleicht wirklich stimmt).
Aber eigentlich, wenn ich ganz ehrlich sein soll (und das habe ich mir schließlich geschworen fürs Schreiben dieses Buches), tat ich all diese Dinge mehr oder weniger auch für mich.
Ich kam mal raus und konnte andere Mütter beobachten, wie sie das so machten mit ihren Kindern und vor allem um zu sehen, wie weit diese Gleichaltrigen in ihrer Entwicklung waren.
Ja, das ist mir heute wirklich peinlich, aber ich fing zu der Zeit an, mich und meinen Sprößling mit den anderen Müttern und deren Kindern zu vergleichen. Sträflich, ich weiß, aber so war es nun mal.
Und dann schwoll meine Brust, wenn ich erzählen konnte, dass mein Sohn sich schon auf den Bauch zu drehen imstande war und genauso frustriert, wenn ich mitbekam, dass ein anderer Junge, der nur einen Monat älter war, bereits durch die Bude robbte. Und dann wurde geübt. Jaaaa, ich weiß, was ihr jetzt denkt, aber vielleicht habt ihr das insgeheim genauso gemacht oder fühlt euch sogar gerade ertappt dabei, dass ihr das immer noch tut?! Keine Angst, ich verrate nix ;-).

Ich jedenfalls übte. Und erst recht vor den Vorsorgeuntersuchungen. Da war ich immer regelrecht aufgeregt, durchforstete meine Ratgeberliteratur bezüglich der Entwicklung von Babys und las Forenberichte darüber, was bei den jeweiligen Untersuchungen abgefragt wurde.

Ich muss dazu sagen, dass wir einen sehr entspannten Kinderarzt haben, der sicher viele solcher Mütter wie mich tagtäglich in seiner Praxis hat (oh Gott, der arme Kerl!) und der das immer sehr relaxt angeht. Mein Kind erfüllte alle (nicht sehr hochgesteckten) Anforderungen und als ich bei einer der ersten Untersuchungen ein "sehr gut entwickelt" im gelben Heft lesen konnte, war ich überglücklich. Alles richtig gemacht, hieß das also für mich und diese Beurteilung war natürlich von nun an die Messlatte.

Als ich, mein Junge war schon so um die Dreieinhalb, einen Forenbericht las, in dem eine Mutter die Zeichnung ihres ebenso alten Sohnes eingestellt hatte, auf dem ein gut erkennbarer Trecker zu sehen war, löste das bei mir beinahe eine Panikattacke aus, konnte doch mein Herzchen gerade mal einen Kopffüßler zu Papier bringen. Und dieser Kopffüßler war auch nur dann erkennbar, wenn man sich echt viel Mühe gab.

Oh Gott, was war ich fertig. Ich malte von nun an mit diesem bemitleidenswerten Burschen, was das Zeug hielt. Aber er bekam das einfach nicht hin. Und als bei der nächsten Untersuchung nur ein "gut entwickelt" herauskam, war ich sichtlich frustriert.

Wäre der Burn-out nicht dazwischen gekommen, der mich ja all mein bis dahin gelebtes Denken und Tun kritisch betrachten ließ, wäre ich sicher eine dieser Mütter gewesen, die ihr Kind ausschimpfen, wenn es mal eine Drei aus der Schule nach Hause bringt.

Bei mir hätte sicher auch schon ne Zwei Konsequenzen gehabt, so wie ich zu der Zeit drauf war. Wie die hartgesottenen Chinesenmütter, von denen man immer wieder mal hört und liest, die ihre Kinder richtiggehend auf Erfolg trimmen. Auch ich erwartete, dass mein Sohn sein Bestes gab. Und ich *wusste*, dass er zu Höchstleistungen fähig war. Schließlich wurde mir das auch von anderen attestiert, die ihn erlebten. "Der ist aber schon weit für sein Alter" bekam ich zu hören ... manchmal.

Eigentlich viel zu selten, wie ich fand.

Es ging sogar so weit, dass ich es selbst hin und wieder kundtat, wenn es den anderen nicht aufzufallen schien.

Ja, mein Kind war weit für sein Alter (fand ich also) und das hatte er der guten elterlichen Förderung zu verdanken (und den Genen, wie der Vater behauptet...seinen natürlich;-)).

Als mein Junge mit der Zeit immer eigensinniger und wilder und hyperaktiver wurde, konnte das meiner Einschätzung nach nur daran liegen, dass er eine Hochbegabung zu kompensieren versuchte.
Genau, mein Kind schnitt sich selbst in der Kita die Ärmel vom Shirt, kletterte verbotenerweise über die dortigen Zäune und drangsalierte andere Kinder, weil er schlichtweg unterfordert war. Nicht, weil gerade seine Schwester geboren wurde und auch nicht, weil er sich künstlich in den Mittelpunkt schieben wollte, den er ja zu Hause immer innehatte. Und auch definitiv nicht, weil er eine Mutter hatte, die ihn ständig mit ihren Forderungen unter Druck setzte.
Unterfordert. So. Eine andere Erklärung gab es für mich nicht.
Und was tat ich, als mich diese Erkenntnis traf? Ich förderte noch mehr. Logisch, denn eine Hochbegabung kann auch wieder verloren gehen, wenn sie *nicht* gefördert würde, hatte ich gelesen.

Und das wollte ich um keinen Preis.

Aber aufgrund der Mehrbelastung durch die Geburt meiner Tochter konnte ich das Projekt Hochbegabung nicht so angehen, wie ich es gern getan hätte und später verlief es einfach im Sande.
Zumal ich meine diesbezüglich selbst gestellte Diagnose auch immer mal wieder infrage stellte.
Zum Beispiel als ich feststellen musste, dass Freunde meines Sohnes, mit denen wir uns regelmäßig trafen, genauso begabt und schlau und sportlich waren wie mein Kind.

Ich verglich ihn ja sowieso ständig mit den anderen. Wer kann schneller laufen, wer besser klettern, wer toller malen. Je nachdem wie er abgeschnitten hatte, trieb ich ihn an. Grausam, oder? Aber ganz so schlimm war das nun auch wieder nicht, denn meist musste ich ihn nicht antreiben, da er immer ganz gut wegkam.
Und natürlich konnte man auch nicht in allem gut sein, das war selbst mir damals schon klar.

Aber die Richtung, in die es zu dieser Zeit eben ging, ließ wirklich nicht viel Gutes verheißen.

Kapitel 6

Let me (always) entertain you

6

Let me (always) entertain you

Dass ich von Anfang an ständig um mein Baby herum wuselte, habe ich ja bereits hinlänglich beschrieben, stimmt`s?
Und das ist sicher auch irgendwie normal, oder? Man ist aufgeregt, unsicher und möchte das kleine Wunderding außerdem die ganze Zeit und bei jeder seiner niedlichen Gesten, Regungen und Mimiken beobachten um sich wieder und wieder recht fassungslos zu fragen, wie Gott nur so etwas Großartiges hatte schaffen können.
Klar. Verständlich.
Bei mir jedoch setzte sich das auch nach der ersten Kennenlernzeit fort. Ich wollte ja, dass *mein* Kind zum glücklichsten Kind der Welt wird und das beinhaltete meiner Auffassung nach auch, dass ich ihm immer genügend Abwechslung bot, dass es sich ja nur nicht langweilte.
Außerdem ging das ziemlich eng einher mit meinen Vorstellungen von Förderung im Kindesalter, die Zeit, in der sie ja so extrem aufnahmefähig sind. Die Prä-

gungsjahre eben und ich wusste, dass ich in dieser relativ kurzen Zeitspanne nichts verpassen wollte, woraus ich mir später vielleicht den Vorwurf machen könnte, einen entscheidenden Entwicklungsschritt verzögert oder gar verhindert zu haben.

Das fing ja damit an, dass ich mich in PEKiP-Kursen von der Leiterin und den anderen Muttis, die schon etwas weiter waren als ich, beraten ließ, was das Kind gerade brauchte.

So lernte ich von Anfang an, dass es wichtig ist, dem Baby möglichst viele Sinneseindrücke zu vermitteln. Also rasselte, pustete und kitzelte ich, baute unentwegt kleine Türmchen und sang und tanzte jeden Tag um mein ahnungsloses Mäuschen herum.

Und als mein Sohn älter wurde, bespaßte ich ihn altersentsprechend ebenfalls fast rund um die Uhr. Anregungen bekam ich aus dem Internet oder eben wieder aus Ratgeberbüchern (solche, die dir sagen, wie du dein Kind auch nach dem PEKiP weiter fördern kannst, um nicht in ein schwarzes Loch zu fallen).

Wir oder eigentlich eher ich, puzzelten, kneteten, malten, sangen und tanzten irgendwann dann auch gemeinsam, bauten zusammen irgendwelche Bausteinsachen (auch eigentlich eher ich) und vieles mehr.

Was im Grunde genommen ganz normal ist, werdet ihr sagen. Stimmt.

Die meisten Eltern tun genau diese Dinge oder andere mit ihren kleinen Kindern.

Ich jedoch tat es jeden Tag, rund um die Uhr.

Schon am Vormittag, wenn ich bei der Arbeit oder im Studium war, überlegte ich mir, was ich heute Schönes mit meinem Sohn unternehmen könnte. Dabei ging es nicht nur um Förderung, oh nein!

Es ging mir ja auch darum, eine rundum wunderbare Kindheit für meinen Jungen zu erschaffen. Dies erforderte eben auch ein gewisses Maß an Planung. Unser typischer Alltag sah in den ersten Jahren also meist so aus:

Morgens ließen wir uns viiiiel Zeit. Dafür stand ich dann auch sehr früh auf, was mir wirklich schwerfiel, denn ich bin keiner von den frühen Vögeln. Wir lasen im Bett noch ein Buch und kuschelten, aßen dann gemeinsam ein gesundes Powerfrühstück und starteten jeder in seinen Tag. Am frühen Nachmittag (oder oft auch schon mittags) holte ich ihn von der Kita ab und wir gingen meist erst einmal eine große Runde spazieren. Zeit in der Natur zu verbringen war mir seit der Geburt meines Schatzes enorm wichtig. Oft nahmen wir den Hund mit und um dass es uns auch sonst nicht langweilig wurde, hatte ich immer etwas für die Abwechslung während des Spaziergangs dabei. Mal einen Ball, mal das Laufrad, gern auch die Malkreide oder Seifenblasen. So gelang es mir, jegliche Eintönigkeit zu vertreiben.

Später zu Hause aßen wir eine Kleinigkeit (meist bereitete ich flink einen Obstteller zu) und dann spielten wir irgendwas zusammen oder bastelten oder puzzelten und machten eben all das, was man als gute Mutter mit einem Kind nun mal so tut. Irgendwann machte ich ihn bettfertig, bereitete ein gemeinsames Abendbrot und dann kam unser Einschlafritual, was ja ebenfalls enorm wichtig für den gesunden Schlaf von Kindern ist. Kann man schließlich in jedem guten Ratgeber nachlesen! Und auch hier war ich der Auffassung, dass es nicht schaden konnte, wenn man das Ganze ein wenig ausdehnte. Nicht guter Schlaf war meine Prämisse, sondern bestmöglicher Schlaf! Ich las eine laaaange Geschichte oder zwei, danach sang ich noch ein Lied oder zwei während ich ihm sanft den Rücken kraulte. Manchmal tanzte ich auch noch einen kleinen Einschlaftanz als Krönung.

Und das an jedem verd... Tag. Außer, wenn wir uns mit Freunden /Familie trafen oder zum Schwimmen gingen.
Wer sich nun fragt, wo der Papa eigentlich in diesem Tagesablauf vorkam, dem kann ich sagen, dass dieser die ganze Woche über auswärtig arbeitete und nur an den Wochenenden zu Hause war (und ist).
Somit bestritt ich unseren Alltag ganz allein und war damit sehr zufrieden. Die überwiegende Zeit jedenfalls. Na ja, aber lest selbst.
Anfangs bedeutete es definitiv vollste Erfüllung für mich, mich so intensiv um meinen Sohn zu kümmern. Er sollte nie das Gefühl haben, allein zu sein und außerdem muss man die Kinder doch anleiten, so meine Überzeugung. Wie hätte er denn wissen sollen, wie man schneidet, malt, knetet oder spielt ohne jemanden, der ihm zeigt, wie es geht? Auf die KiTa wollte ich mich da jedenfalls nicht verlassen, zumal mein Sohn nicht die Anstalten machte, sich irgendwie selbst zu beschäftigen. Ich hätte auch einfach ein schlechtes Gewissen gehabt, ihn allein in seinem Zimmer spielen zu lassen. Zumal er das auch gar nicht wollte (oder konnte?). Nein, mein Kind hatte eben einen starken Mutterbezug. Und das

wollte ich mit Sicherheit auch nicht zerstören. Welch verantwortungsloses Biest wäre ich gewesen?
Rituale spielten bei uns eine sehr große Rolle, sprich ein sehr geregelter Tagesablauf. Kinder brauchen das. Sie müssen etwas haben, auf das sie sich verlassen können. Sagen auch die Experten in meinen Büchern.
Und deshalb lief bei uns alles nach Plan ab. So hatte mein Junge einen verlässlichen Alltag und nicht so ein schludriges Tohuwabohu mit chaotischen Verhältnissen das manche Familien Leben nennen.
Und wer denkt, wir hätten vielleicht in unserem straffen Alltag keinen Spaß gehabt, der irrt. Es war schon auch lustig. Lachen ist ja wichtig für Kinder. Also sorgte ich dafür, sofern mir dies möglich war. Gemachte Lustigkeit. Was gibt´s daran auszusetzen?
Und unsere Wochenenden gestalteten wir auch hin und wieder sehr spontan, indem wir uns einfach nichts vornahmen. Dies war allerdings eher die Ausnahme. Meist wurden auch die Samstage und Sonntage von mir im Voraus geplant.
Wir fuhren oft aus. Klar, das Kind sollte die "Welt" sehen und Spaß haben. Mit anderen Kindern, das ist ja gut für die soziale Entwicklung.

Also besuchten wir sämtliche Erdbeerhöfe in unserer Umgebung und wuselten durch alle Bällebäder, die die gängigen Indoorspielplätze so anboten, sausten Riesenwasserrutschen herunter, schwammen mit Pinguinen, hüpften auf Megatrampolinen und natürlich besuchten wir auch, wie es sich gehört, ganz viele Wildparks oder sonstige eingesperrte Tiere in Aquarien oder anderweitigen Gehegen und sahen diesen bei ihrem Sosein zu.

Dies dann meist mit Papa. Und manchmal mit Freunden. Größere Runde mit vielen Kindern. Ein Traum.

Und ziemlich oft war ich nach unseren Wochenenden mit all den großen und kleinen Attraktionen noch gestresster als zuvor. Aber was tut man nicht alles, um das Kind zu belustigen. Und, ganz ehrlich, zu Hause wird`s ja auch irgendwann langweilig. Einen Zustand den ich ja, wie gesagt, tunlichst vermeiden wollte.

Außerdem sollte der Junge doch beim allmontäglichen Morgenkreis was Spannendes zu erzählen haben. Schließlich ist man als Mensch und Eltern nur so interessant wie die durchlebten Aktivitäten, die man vorweisen kann, oder?!

Und das gilt ganz besonders für den Kindergeburtstag. Ein nicht zu unterschätzendes, alljährliches Großereignis. Und eigentlich *das* rote Tuch für alle Eltern. Als ich mit meiner kleinen Tochter schwanger wurde, gab es trotz der großen Freude zum einen die große Angst vor einer zweiten schmerzhaften Geburt und dann, zwar weit weniger ausgeprägt aber doch merklich vorhanden das Bewusstsein, dass ich nun einen weiteren Kindergeburtstag pro Jahr würde ausrichten müssen.

Ohne Scheiß, ich hatte richtig Panik davor, diesen Tag nicht ausreichend zu würdigen und machte bereits ein, zwei Monate, bevor es wieder soweit war, einen regelrechten Geburtstags-Masterplan.

Vielleicht lag es daran, dass *ich* mich an keinen meiner eigenen Kleinkindgeburtstage erinnern kann und ich das unbedingt für meine Kinder ändern wollte, vielleicht aber auch daran, dass es sich eben heutzutage so gehörte.

Mottoparties muss man schmeißen, wenn man es als Eltern einigermaßen gut machen will. Und, klar, da musste ich mitziehen.

Der Spatz sollte wunderbare Erinnerungen an seine Geburtstage haben. Und wenn er sich auch rein entwicklungsphysiologisch noch gar nicht erinnern *konnte*, so sollte ihm dieser Tag eben ein Dauerlächeln auf sein süßes, kuchenverschmiertes Gesichtchen zaubern und,

selbstredend, jedes kleine Detail für die Ewigkeit auf Fotos festgehalten werden.
Nur, damit sich der Aufwand auch lohnte und man es später in einem selbstgemachten Geburtstags-Fotobuch verewigen konnte.
Ich machte mir also genaue Gedanken darüber, wie ich den anstehenden Geburtstag ausrichten wollte. Leider hat mein Sohn im November Geburtstag, was die Möglichkeiten extrem einschränkt.
Aber egal, ich ließ die Kinder trotzdem bei einer Mega-Schatzsuche über verschlammte Waldwege traben oder veranstaltete Rätsel-Schnitzeljagden mit Fackeln über die Felder. Ich besorgte mir ein Schwingtuch und recherchierte im Internet nach entsprechenden Spielen, ich füllte Pinatas, buk Treckerkuchen und passte die gesamte Party Deko dem jeweiligen Motto an.
Welch ein Spaß!
Nun, ehrlich gesagt schon ein ziemlicher Aufwand. Aber das musste es eben sein, wenn man keine Sekunde dieses wertvollen Tages dem Zufall überlassen wollte.
Einmal, ich glaube, es war der 4. Geburtstag, fragte mich mein Stiefpapa eigentlich eher so nebenbei und irgendwie aus heutiger Sicht auch ein klitzekleines bisschen herausfordernd sarkastisch, ob es denn zum 5.

Geburtstag einen Flug mit dem Heißluftballon geben würde.

Damals lachte ich nur und war stolz ob meines gelungenen Superlativ-Geburtstages.

Heute weiß ich es besser...

Kapitel 7

Gleichberechtigung und Mitbestimmung für alle!

7

Gleichberechtigung und Mitbestimmung für alle!

Es dürfte nach den letzten Kapiteln nicht verwundern, dass die Erziehung meines Sohnes entsprechend frei und wertschätzend verlief.
Soll bedeuten, dass ich mein Kind so behandeln wollte, wie auch ich gerne behandelt werde.
Ich empfand meinen Jungen nicht, wie so viele andere Eltern *meiner* Meinung nach, als unmündiges und unwissendes Individuum, sondern zog es vor, ihm möglichst "auf Augenhöhe zu begegnen" wie dies auch diverse Erziehungsratgeber propagieren.
Ein Kind läuft nicht nebenher und hat sich den Eltern anzupassen und unauffällig deren Regeln zu beachten.
Nein, meine Generation war dazu bestimmt, es anders zu machen.
So sah ich das jedenfalls. Voller Elan und Tatendrang stürzte ich mich also darauf, es (wieder mal) besser zu machen.

Unsere Familie sollte alles gemeinsam entscheiden.

Ich fragte also mein Kleinkind bei jedem Detail unseres Alltags, ob dies auch mit seiner Zustimmung einherginge. Falls nicht, machte ich neue Vorschläge, so lange, bis alle zufrieden waren.

Schwierig wurde es nur, wenn mein Kind, wie es leider ziemlich oft vorkam, gar nichts wollte, bockte und trotzig alles zurückwies. Dann gab ich ihm Zeit, mit seinen Gefühlen ins Reine zu kommen und fragte ihn später nochmal.

So kam es zuweilen vor, dass sich die simple Frage, ob wir lieber Fisch oder Spinat zum Mittag essen wollten, ewig hinzog. Wenn es gar nicht gehen wollte, entschied ich eben allein, dies jedoch mit dem zermürbenden Bewusstsein, eine diktatorische Mutter zu sein.

Das gleiche Gefühl hatte ich auch, als ich kleine Regeln einführen wollte, die meinem Sohn natürlich nicht behagten.

Aber Regeln und Grenzen sind auch wichtig für Kinder.

Und um mich bei der Durchsetzung ein wenig besser zu fühlen, erklärte ich ihm genau, warum das jetzt so sein musste.

Das sah dann in etwa so aus:

Weil ich wollte, dass sich das Kind vor dem Essen und nach der Toilette die Hände wusch, es dieses aber nicht einfach so einsehen und entsprechend umsetzen wollte, setzte ich mich mit dem kleinen Schatz auf den Badezimmerboden so gemütlich es eben ging, hin und erzählte ihm ganz Möchtegern-Mediziner-Like von den bösen kleinen Bakterchen, die an den Händen saßen und nur darauf warteten, beim Essen in den Mund zu gelangen, von da aus durch den Bauch zu wandern (also ich führte das natürlich richtig aus mit Mimik und Gestik und so) um dort die kleinen niedlichen Mausezellchen, die soooo schwer arbeiteten, anzugreifen. Und wenn es zu viele Bakterchen würden, könnte man auch ganz schön krank werden und Bauchschmerzen und Fieber und alles mögliche bekommen. Auf die Tatsache, dass es auch irgendwie eklig wäre, seine mit Urin bespritzten Finger in den Mund zu nehmen, ging ich an dieser Stelle allerdings (vielleicht aus Zeitgründen?) nicht ein.

Ich fragte mein Kind, ob es das denn verstehen würde und mein Zweijähriger sah mich an und nickte (warum auch immer).

Welch ein Glücksgefühl mich da durchströmte. Es fruchtete. Ich würde nicht eine der Mütter sein, die ihre

Kinder anschrien, sie sollen sich gefälligst die Finger waschen wie sich das gehört. Ich würde meines nicht bei den Armen packen und zum Waschbecken schleifen. Nein, wenn man sich nur die Zeit nimmt, es in Ruhe zu erklären, dann verstehen es die Kleinen von ganz allein und wenn die Kinder verstehen, was der Sinn und Zweck ist und nicht einfach nur ihren Eltern gehorchen müssen, tun sie es mit Verständnis. Sozusagen aus sich selbst heraus. Vielen Dank liebe Ratgeberleute.

Einmal erklärt... checked!

Tja was soll ich sagen, ihr ahnt es sicher bereits. Schon ein paar Stunden später kam mein Sohn erneut von der Toilette. Und das doch tatsächlich mit trockenen, also ungewaschenen Händen. Ich dachte, ich falle vom Glauben ab.

Dabei hatte die Mutti sich doch so sehr ins Zeug gelegt. Ehrlich, ich hatte mir so viel Mühe gegeben. Egal, dann musste ich es eben nochmal erläutern. Diesmal vielleicht etwas langsamer ...

Nun, ich erklärte, erläuterte, erzählte, bat, beschwor und sonst etwas dergleichen noch etliche, also viele viele Male ohne Erfolg.

Mal klappte es, was mich hochleben ließ, nur, um am nächsten Tag schon wieder in Vergessenheit geraten zu sein.

Das nagte wirklich so extrem an meinem Selbstwertgefühl, dass ich überall nach Lösungen suchte. Schließlich wollte es der Zufall, dass ich arbeitsbedingt (ich schrieb zu der Zeit gerade für eine Zeitschrift) eine Frau kennenlernte, deren Gelassenheit mich total verwunderte, obgleich der Tatsache, dass sie sieben Kinder hatte. Sieben!

Und natürlich wollte ich das auch. Die Gelassenheit natürlich, nicht die sieben Kinder! Ich sog ihre Tipps und Ratschläge geradezu in mich auf.

Und erkannte den Grund für ihre Gelassenheit: Sie erzog ihre Kinder nicht. Die Kids durften alles frei entscheiden.

So hätte sie niemals, um bei dem Beispiel zu bleiben, ihren Kindern auferlegt, sich die Hände waschen zu müssen. Sie hätte ihnen ans Herz gelegt, dies aus den Gründen, die auch ich anbrachte, zu tun, es jedoch nicht verlangt.

Die Kinder hatten immer die Wahl. So auch beim Zubettgehen. Es gab keine festen Zeiten, die Kleinen gingen schlafen, wann sie selbst es an der Zeit fanden.

Und in vielen, eigentlich allen anderen Sachverhalten des Alltags verhielt es sich ebenfalls entsprechend. Die Kinder entschieden, wann und was sie essen wollten, wann und ob sie fernsahen, spielten und so weiter. Wenn sie sich am Morgen für die Schule (eine freie Schule wohlgemerkt) nicht anziehen wollten, mussten sie es auch nicht. Ihre Mutter nahm dann die Sachen mit ins Auto und man zog sich dort dann schon irgendwann an.

Und sie waren auch nicht bockig oder eigensinnig wie mein Kind. Nein, diese jungen Leute mussten nicht rebellieren, weil sie ja keinen Grund hatten. Alles lag in ihren eigenen Händen.

Das fand ich so toll und faszinierend, und obgleich ich diesen Alltag dort nur als Zaungast und Beschreibungen der Mutter her kannte und nicht selbst miterlebt hatte, wurde ich tierisch neidisch und wollte das auf jeden Fall auch zu Hause umsetzen.

Welch ein Desaster!

Mein Sohn kam nämlich auch im Auto nicht auf die Idee, sich irgendwelche Schuhe anzuziehen, was mir das Vergnügen einbrachte, ihn halb nackt und barfuß an einem feuchtkalten Herbstmorgen in die Kita zu schaffen, wodurch der kurze Weg, auf dem uns wie immer viele andere Eltern begegneten, die mir teils bemitleidende, teils herabwürdigende Blicke zuwarfen, schier unendlich lang wurde. Ich schämte mich und war tatsächlich wütend. Und dann schämte ich mich gleich noch mehr, als ich merkte, welche Gefühle da in mir hochkamen.

Und immernoch wusste ich nicht, wie ich es richtig machen konnte.

Aber einer Sache war ich mir nun wirklich sicher. Ein Kind braucht positive Bestärkung und ganz viel Lob. Jawollo, das konnte ich!

Ich lobte, was das Zeug hielt und feierte jedes nochso kleine Kritzelkrakel-Bild als wäre es ein Gemälde eines hochrangigen Künstlers.

Was auch immer mein Sohn fabrizierte, es war mindestens toll, super, sehr hübsch oder gar fantastisch.

Er sollte das Gefühl bekommen, dass er etwas ganz Besonderes und seine Art, sich mitzuteilen bewundernswert sowie das, was er der Welt zu geben hatte, von unschätzbarem Wert waren. Ärgerlich fand ich nur, dass das die Erzieherinnen in der Kita scheinbar nicht so sahen und ihn nicht entsprechend würdigten.

Klar, alle Kinder waren besonders, aber das musste man ihnen doch auch *zeigen*.

Meiner Meinung nach kam da viel zu selten ein Wort des Lobes über ihre Lippen.

Ich hoffte sehr, dass das dem Selbstbewusstsein meines Jungen nicht schaden würde und huldigte seinen Fähigkeiten zum Ausgleich zu Hause gleich noch ein wenig mehr.

Und ich legte großen Wert darauf, dass er seine Gefühle ausleben konnte.

Einen Wutanfall, von denen mein Kind trotz meiner auf absolute Fairness und Rücksichtnahme bedachten Erziehung ziemlich viele hatte, versuchte ich nicht persönlich zu nehmen sondern sah es als *seine* Auseinandersetzung mit der Welt an.

Ich mühte mich, ihm den nötigen Raum zum Ausleben seiner Wut zu geben und erklärte ihm, während er versuchte, auf mich einzutreten, dass er ruhig wütend sein dürfe, dass diese Emotionen eben dazugehören.

Klar, ein wenig ärgerte ich mich auch darüber, dass er mir grundlos wehzutun versuchte (und es auch manchmal schaffte, mir einen ordentlichen Tritt zu verpassen), jedoch war mir als aufgeklärter Mutter natürlich klar, dass er dies nicht mit einer bösen Absicht tat, sondern nur, um sich irgendwie auszudrücken und das einfach noch nicht anders vermochte.

Schöner Mist, der mir ziemlich bald ganz arg auf die Füße fallen sollte.

Kapitel 8

Mein ganz eigenes Bullerbü

8

Mein ganz eigenes Bullerbü

Astrid Lindgren ist heute jeder Mutter ja wohlbekannt. Ihre Geschichten hängen wie ein Damoklesschwert über unseren Köpfen und Bullerbü bedeutet den Inbegriff von heiler Welt.

Eine heile Welt, wie sie sich alle Eltern eigentlich doch für ihre Kinder wünschen.

Wo zwischen Nord-, Süd-und Mittelhof auf weiten Wiesen voller fliegender und kriechender Insekten duftende Sommerblumen in allen nur denkbaren schillernden Farben blühen und wo die Kinder in leichten Leinenkleidchen mit Grasstängeln im Mund und selbst geflochtenen Kränzen im Haar ihre vollkommen sorglose und unbeschwerte Kindheit genießen.

Wer hat sich selbst als Erwachsener nicht auch schon heimlich mal dort hingeträumt ins wilde Schweden, wo es keine Autos und wenig Menschen gibt, dafür ganz viel Gezwitscher und leicht staubige Windbrisen, klare einsame Seen, die man nackig durchschwimmen oder auf einem selbst gebauten Floß überqueren kann. Mal mit Kindern wie Lasse und Bosse auf riesigen, starken und Jahrhunderte alten Bäumen herumklettern oder mit Michel, Klein Ida und Alfred in der Sonne am See liegen und in die Wolken starren.

Nein ehrlich, da ist irgendwo tief in uns eine Sehnsucht nach ... ja, heiler Welt eben. Ein Traum von Glückseligkeit, den uns Frau Lindgren mit ihren Büchern beschert.

Bullerbü vermittelt das Bildnis von unbeschwerter, perfekter Kindheit fernab von Stress, Hektik, zu wenig Zeit füreinander und Konsumdenken.

Da ist die Welt noch in Ordnung.

So dachte natürlich auch ich damals und wollte meinem Nachwuchs eine solche Kindheit ermöglichen.

Und da ich nicht gleich nach Schweden auswandern wollte (mal abgesehen davon, dass die Geschichten um Bullerbü ja schon ein paar Jahrzehnte zurückliegen und es dort jetzt sicher auch nicht mehr ganz so unbeschwert zugeht), musste ich also ein Stückchen Schweden dorthin holen, wo mein Mann, meine Kinder und ich zu Hause waren.

Bullerbü in Brandenburg ;-).

Ein großartiges Vorhaben, wie ich fand.

Dazu gehörte, dass ich mir vornahm, meine Kinder so naturnah wie möglich aufwachsen zu lassen.
Wir verbrachten unheimlich viel Zeit draußen, was mir vorher wirklich fremd war, denn ich bin eigentlich ein echter Stubenhocker.
So versuchte ich also Lasse und Bosse und Inga & Co. in einer Person zu sein und kletterte mit meinem Sohn auf den Bäumen herum, was das Zeug hielt.
Ich hatte ja schon erwähnt, dass ich eine von den Müttern war, die immer alles mitmachen mussten, um den Kindern das Gefühl von Nähe und Zusammenhalt zu demonstrieren. Und in diesem Fall ehrlich gesagt auch, um mir selbst ein wenig den "Wind der Unbeschwertheit" um die Nase wehen zu lassen. Nochmal Kind sein und selber Bullerbü erleben.
Na ja und dann durften meine Kinder natürlich auch im Dreck spielen wie sich das für freie Kinder gehört. Und obwohl mir dies ein wirklich flaues Gefühl im Magen verursachte, weil ich ja wusste, wer die ganze lustige Pampe nachher wieder aus dem Rasen, von den Kleidern und dem Teppich kratzen musste, erlaubte ich ihnen so oft sie wollten, den Sandkasten zu fluten und sich darin dann quasi zu suhlen, einzutauchen in die

Modderpampe, sie zu "erfühlen" und ... eben *unbeschwert* zu sein.

Sie durften mit dem Fahrrad durch Pfützen fahren, wobei ich immer hoffte, dass sie genug Schwung nehmen würden, um trockenen Fußes hindurch zu kommen. Leider war dies selten der Fall und manchmal hatten wir dann statt nur triefend nassen und kohlrabenschwarzen Schuhen, Socken und Hosenbeinen auch das Pech, dass sie inmitten der Pfütze zum Stehen kamen, das Gleichgewicht verloren und schlicht zur Seite umkippten.

Ein Spaß für die Kinder, eine Schweinearbeit für Mutti. Aber was tut man nicht alles für ein echtes, glockenhelles Kindergelächter...?

Der Sommer ist diesbezüglich übrigens meine Lieblingsjahreszeit, da reicht dann der Gartenschlauch fürs Gröbste.

Falls man auch nur ein klein wenig eigenes Land besaß, gehörte es ebenfalls zum guten Ton, sein Gemüse selbst anzubauen, um den Kleinen die Gelegenheit zu geben, sich nach Herzenslust mit den gesunden Leckereien vollzustopfen, wann immer ihnen danach gelüstete.

Wieder drängt sich da das Bild von kleinen, goldgelockten Nackedeis auf, die glücklich und mit erdbeerig verschmiertem Mund über die Wiesen laufen...

Okay, logisch also, dass *auch ich* versuchte, ein Beet anzulegen und ebenfalls Beerensträucher anpflanzte.

Ich hatte zudem das Glück, dass die Großeltern meines Mannes (wir wohnen auf einem Vier-Generationen-Hof) selbst noch einen riesigen Garten bewirtschafteten und mir nicht nur ein Stück davon abtraten, sondern ich somit auch jederzeit auf fachkundige Hilfe zählen konnte.

Ich kaufte kleine süße Gartenwerkzeuge extra für Kinder, sodass mein Sohn auch die Möglichkeit hatte, mich tatkräftig zu unterstützen.

Ehrlich gesagt richtete er jedoch durch das Waten mit seinen neuen Gartenstiefelchen quer über alle Beete mehr Schaden an, als dass er half, aber was soll`s.

Unterdes ackerte ich mich da durch.

Na ja, sagen wir mal, wenn Opa und Oma nicht hin und wieder mal gegossen oder Unkraut gezupft hätten, wäre gar nichts gewachsen.

So jedoch konnte ich irgendwann sehr stolz meinen ersten Mangold ernten (mehr sollte es dann auch in jenem Jahr nicht werden), den ich dann körbeweise in die Badewanne kippte und wusch und wusch und wusch (war ein regenreicher Sommer, deshalb viel Sand;-)). Und dann kochte ich meine allererste Mahlzeit, die wenigstens *eine* selbstgezüchtete Komponente enthielt.

Aber ich hatte große Pläne. Im nächsten Jahr schon wollte ich zusätzlich Kartoffeln anbauen und Tomaten, Möhren, und so weiter.

Zurück zum Mangold. Er war einfach...un.ge.nieß.bar. Trotz wirklich akkuratem und stundenlangem Waschen immer noch so sandig, dass wenigstens jeder zweite Bissen zwischen den Zähnen knirschte. Desaströs. Ich hatte den Rest meiner Ernte erstmal fürs Gewissen portionsweise eingefroren, holte es aber im Jahr darauf nur deshalb heraus, um es an die Hühner zu verfüttern.

Das hatte ich mir sooo aufwendig nicht vorgestellt.

Deshalb gab ich das Gärtnern erst einmal gefrustet, aber mit wirklich schlechtem Gewissen auf.

Trotzdem konnte ich meinen Kindern, weil wir eben Oma und Opa haben, selbst angebautes, gesundes Obst und Gemüse auf die Teller bringen. Wenigstens das.

Wenngleich ich als Bullerbü-Mom in diesem Fall versagt hatte.

Aber ich gab nicht gänzlich auf. So standen als nächste Punkte das Herstellen selbstgekochter Marmelade und selbst gebackenen Brotes auf meiner To-do-Liste.
Wir pflückten also zu gegebener Zeit Holunderbeeren in Massen und kochten diese nach Rezept ein. Die daraus gewonnene Marmelade war wirklich total lecker und ich konnte für mich selbst wieder ein paar imaginäre Pluspunkte eintragen.
Trotzdem habe ich es danach aufgrund des Burn-outs nicht nochmal gemacht. Ich hätte die Schweinerei, die kiloweise rote, gestampfte Beeren in der Küche verursachen, einfach nicht ertragen.
Und herrje, das mit dem Brot war auch so eine Sache. Wir probierten so viele Rezepte aus und entweder war das Ding platt wie ne Flunder, total klitschig oder schmeckte einfach nur eklig doof. Na eben *natürlich*... fad und trocken und so.
Ich tröstete mich dann mit einer Bio-Backmischung, die wenigstens gelang, einigermaßen lecker war und nicht 50.000 Stunden Zeit in Anspruch genommen hat.
Gut fühlte ich mich mit diesem Kompromiss aber nicht!
Und dann probierte ich natürlich das Backen von diversen Kuchen, denn in meiner Bullerbü-Vision duftete

das Haus an jedem Wochenende nach frischem Apfelkuchen.
Vom Ergebnis will ich an dieser Stelle nicht großartig reden.
Nur soviel: es gab nicht allzu oft einen selbst gebackenen Kuchen von mir, was alle in der Familie ziemlich begrüßten.

Ich war also weder Gärtnerin noch Bäckerin. Dieses Eingeständnis machte mich damals wirklich sehr traurig.
Viel zu wenig kam ich dem Vorbild nahe. Und das frustrierte mich doch sehr.
Aber zu bekannter Lindgrenscher Glückseligkeit gehört natürlich noch viel mehr.
Nämlich Rituale. Jawohl. Und Bräuche. Und das konnte ich, da tobte ich mich aus.
So sollte an Weihnachten zum Beispiel nichts dem Zufall überlassen bleiben. Alles musste kuschelig bullerbüig werden mit einem komplett geputzten Haus, Weihnachtsduft überall, ganz viel natürlicher, traditioneller oder selbst gebastelter Dekoration und warmweißem, gedämpftem Licht. Und alle mussten sich freuen und glücklich sein...

Nun denn, ich will nicht lügen, es ist immer schön bei uns an Weihnachten. Aber immer auch mindestens genauso stressig. Stressiger als es sein müsste, würde ich nicht so extrem hohe Erwartungen in diese Zeit setzen. Und wehe, wenn was die perfekte Inszenierung störte. Nein, ehrlich gesagt wirkte es immer etwas steif. Und gemacht.

Aber, und das war schließlich sehr bedeutend für mich, von außen betrachtet: ziemlich viel kuschelige, heile Welt.

Checked (wenigstens etwas)!

Kapitel 9

Das zweite Kind

9

Das zweite Kind

Soweit schien also alles klar.

Ich hatte genaue Vorstellungen davon, wie man ein glückliches, ja perfektes Kind erzieht und davon wich ich auch nicht ab.

Klar, es gab schon Anzeichen dafür, dass das irgendwie in der Umsetzung doch nicht so perfekt gelang, jedoch waren diese viel zu subtil, um sie damit in Zusammenhang bringen zu können, dass hier irgendwas schieflief. Ich spürte nur die immer größer werdende Anstrengung, die es mich kostete, den geplanten Status quo aufrechtzuerhalten, zumal ich ja dann auch wieder schwanger war.

Und als meine Tochter zur Welt kam, brach auch nicht plötzlich alles zusammen, nein, ganz im Gegenteil, ihre Geburt verschaffte mir wiederum einen zusätzlichen Kick.

Naja, logisch, werdet ihr jetzt vielleicht sagen, die Muttergefühle eben.
Und ich denke, diese sind auch in ihrer wohltuenden Wirkung nicht zu unterschätzen.
Wie wäre es auch ohne diese emotional highs auszuhalten, dass man kaum noch schläft, sich alle verbliebenen Nährstoffvorräte aussaugen lässt und sich selbst quasi wieder einmal für eine gewisse Zeit vergessen muss?
Nein, ich meine aber noch etwas anderes.
Die Geburt unserer Kleinen war wie der Beginn des Frühlings.
Der eingefahrene Alltag wurde komplett durchgerüttelt und auf den Kopf gestellt, jedes Familienmitglied musste sich erneut seinen Platz suchen und kurioserweise tat uns das eben ganz gut.
Ein Neuanfang.
Und auch, wenn mir zuletzt das Muttersein hin und wieder schon auch zugesetzt hatte, so erfuhr ich doch auch wieder einen positiven Push wobei mein Energielevel trotz des Schlafmangels hoch wie lange nicht war, und ich sprühte geradezu vor neuen Ideen für unseren Familienalltag.
Zu diesem Zeitpunkt dachte ich, dass dieses ganze Gerede von wegen " das wird ne Riesenumstellung mit

dem zweiten Kind" oder " ein Kind ist kein Kind, pass auf, dass sich der Große nicht vernachlässigt fühlt" und so weiter auf mich definitiv nicht zuträfe.

Ich fand, dass ich das alles hervorragend im Griff hatte und machte es bei Kind zwei genauso wie bei Kind eins. Gleiches Recht für alle.

Anfangs ...

Ja, am Anfang lief es auch einfach.

Ich stillte mein süßes Baby und genoss die Zeit des Vormittags mit ihr allein. Am Nachmittag dann kümmerte ich mich vorrangig um meinen großen Jungen, so dass er nicht auch nur auf die *Idee* kommen könnte, dass ich nun keine Zeit mehr für ihn hätte.

Und das klappte.

Aber eben nicht sehr lange.

Irgendwann nämlich gewann die Erschöpfung mehr und mehr Macht sowohl über meinen Körper als auch über meinen Geist, was ich zu Beginn noch ganz gut mit einem Mittagsschläfchen kompensieren konnte.

Aber ich wurde einfach immer müder und hatte keine Lust mehr auf stundenlange Spaziergänge durch die Wälder und Toben und Kissenschlachten.

Ich wollte eigentlich am liebsten nur schlafen.

Und Baby kuscheln. Und Baby beobachten. Wie beim ersten Mal halt.

Außerdem kam erschwerend hinzu, dass das kleine Baby bald, so hat es die Natur ja nun mal vorgesehen, durch die Wohnung krabbelte und ohne Rücksicht auf Verluste über die selbstgebaute Lego-Festung seines Bruders robbte, was doch weit mehr als einen schnell und unauffällig wieder zu behebenden Kollateralschaden hinterließ, welches logischerweise den Geschädigten unglaublich wütend machte.

Die ersten Male fuhr ich noch die alte Schiene und ermutigte ihn, darüber zu sprechen, was ihn denn genau jetzt so böse machen würde und dass er natürlich alles recht* dazu hätte, jetzt traurig zu sein.

Ich erklärte ihm, dass seine kleine Schwester das eben noch nicht besser wüsste und auch nicht mit Absicht gemacht hätte und er zeigte sich auch einigermaßen verständig und einsichtig. Wir bauten gemeinsam die Festung wieder auf und alles hatte doch noch ein glimpfliches Ende genommen und ich schwor mir, in Zukunft einfach dafür zu sorgen, dass seine Zimmertür möglichst immer geschlossen blieb, außer, wenn wir alle gemeinsam darin spielten.

Und das blieb sie auch, die Tür.

Bis mein kleines Mädchen groß genug wurde, eben diese Tür selbstständig zu öffnen.
Und das war so ziemlich genau der Zeitraum, in dem es dann endgültig vorbei war mit dem Frieden.
Sie kam, nahm oder zerstörte und ging.
Zurück blieb mal ein schreiender, mal ein weinender, jedoch immer ein wütender Bruder, der die Welt nicht mehr verstand.
Ich wiederum rannte zwischen den Kindern hin und her und versuchte, gleichzeitig zu schlichten, zu trösten, die Kleine dahingehend zu erziehen, dass sie das nicht dürfe und dem Großen wieder einmal Verständnis abzuringen für das eben ganz normale kleinkindliche Verhalten.
Eine Gratwanderung. Eine geradezu unmögliche noch dazu.
Ihr werdet euch da gut reinfühlen können, liebe Mehrfachmuttis, stimmt`s?
Wie sollte mein Junge das denn auch verstehen können?
Ich stand ihm bei so gut es ging, aber es machte sich immer mehr Ratlosigkeit breit.

Ich wusste nicht, wie ich das zufriedenstellend für alle lösen könnte und das brachte mich fast zur Verzweiflung.
In dieser Zeit hatte sich eins meiner Perfekte-Welt-Luftschlösschen in dieselbe aufgelöst (also in Luft meine ich).

Dazu beigetragen hat sicher auch die Tatsache, dass ich meine Zeit nun nicht mehr wie gewünscht zwischen den Kindern gerecht aufteilen konnte, denn die Kleine klebte förmlich an mir.
Und wann immer ich versuchte, sie in ihrem Zimmer mit einem Spielzeug abzulenken um dann im Nachbarzimmer ein wenig Zeit mit meinem Großen verbringen zu können, machte sie mir mit ihrer süßen, jedoch wirklich aufdringlichen Art einen Strich durch die Rechnung und pflanzte sich wie selbstverständlich zwischen oder gar auf uns.
Und sogar der Versuch, sie im Zimmer meines Jungen, also direkt bei uns, mit einem ihrer Spielzeuge zu beschäftigen, ging daneben. Logisch. Typisches Kleinkind-Verhalten eben.

Nur hatte ich diesen Fakt nicht vorher bedacht. Wieder sah ich meine Pläne als gescheitert an.

Also nahm ich mir am Abend, wenn meine Tochter schlief noch ein wenig Zeit für meinen Sohn. Die Zeit des Tages, die ich vorher damit verbracht habe, noch etwas Haushalt zu machen, E-Mails zu schreiben oder zu lesen und eben mehr oder weniger notwendiges im Internet zu bestellen (ich wohne ja auf dem Dorf, da bekommt man noch nicht mal Brötchen in einem Laden ;-)).

Dies verschob sich also noch weiter nach hinten und minimierte die eigentlich für mich immer wichtiger werdende Zeit des Tages, meinen Feierabend, noch einmal.

Ach egal, das war ich ihm wenigstens schuldig.

Aber zu mehr als reden oder vorlesen sah ich mich einfach nicht mehr in der Lage.

Dem Kind jedoch genügte das. Hoffte ich zumindest.

Denn ich merkte natürlich, dass er, wie ich dachte, nur ein wenig damit zu kämpfen hatte, dass er jetzt nicht mehr die Nummer eins war.

Er veränderte sich.

In der Kita war er immer rebellisch, geriet immer häufiger in Streitigkeiten zwischen anderen Kindern, zerschnitt seine Kleidung und missachtete Grenzen.

So auch zu Hause.

Er war schon immer das, was der ein oder andere autonom oder temperamentvoll nennt (und wieder andere nennen es unerzogen;-)).

Charaktermerkmale, die ich eigentlich mochte, wollte ich doch ein Kind, das Grenzen hinterfragt, eigenverantwortlich handelt, sich gerecht für andere einsetzt und sich selbstbestimmt durchsetzen kann.

Aber irgendwie wollte ich gleichzeitig ein Kind, das sich in der Gesellschaft unterordnen kann, seinen Platz kennt und, na ja, eben *nett* ist.

Selbstbestimmt ja, aber eigentlich auch lenkbar.

Davon schien mein Sohn weit entfernt und das machte mir zu schaffen. Jeden Tag beim Abholen von der Kita betete ich, es möge bitte keine neuen Vorkommnisse gegeben haben.

Und ich?

Ich sah mein Scheitern mehr und mehr vor meinen Augen.

Wie ein Abgrund, auf den man zuläuft.

Man ahnt zwar, dass der Absturz droht, weiß aber so auf die Schnelle keinen anderen Weg oder ist zu schwach, sich einen anderen Weg auszutüfteln und läuft einfach weiter.

Getragen von der Hoffnung, dass man irgendwie doch noch vorher abbiegen kann.

**ich konnte es auch nicht glauben, wird aber tatsächlich klein geschrieben*

Kapitel 10

Nichts geht mehr

10

Nichts geht mehr

Alles wurde mir mehr und mehr zu viel.

Ich ertrug es nicht, wenn irgendetwas mein fadenscheiniges Alltagskonstrukt, auf das ich mich stützte, durcheinanderbrachte.

Ich konnte immer weniger gut mit Veränderungen umgehen.

Spontanität wurde zum Feind meiner durchgeplanten Tage.

Alles musste irgendwie funktionieren und wehe, ein Kind wurde krank, dann ging gar nichts mehr.

Meine eh schon kaum noch vorhandenen Ressourcen schwanden in erschreckendem Ausmaß und ich siechte sozusagen nur noch dahin.

Klingt theatralisch, ist es sicher auch ein wenig, aber im Grunde genommen war es schon echt hart an der Grenze.

Ich habe mir damals oft gesagt: So, jetzt kann ich einfach nicht mehr!

Nur, um nach einem kurzen Durchschnaufen doch noch ein paar versteckte Kräfte zu mobilisieren, die mich dazu brachten, durchzuhalten und weiterzugehen. Weil ich *musste*, denn ein anderer konnte diesen Weg eben nicht für mich gehen.

Und ich hatte es mir schließlich auch ausgesucht!

Klar, aber doch nicht so...

Ich bastelte, knetete und tuschte nicht mehr mit meinen Kindern, weil ich Panik vor dem Chaos hatte, das dadurch wieder entstehen würde. Umgekippte Tuschwasserbecher, Farbhandabdrücke, die den gesamten Weg zum Waschbecken im Bad säumen und Knetebällchen in Teppich und Socken waren einfach nichts, worüber ich in dieser Zeit lächelnd hinwegsehen konnte.

Lächelnd ja sowieso nie, aber wenigstens ertragen konnte ich das sonst.

Nun nicht mehr.

Also gab es lange Zeit für meine beiden Mäuse nur malen mit Buntstiften.

Ich schwänzte immer öfter den Schwimmkurs mit meiner Tochter, weil ich zu müde war, um ein fröhliches Gesicht aufzusetzen, während ich so tun müsste, als würde es mir einen Heidenspaß bereiten, mit den anderen Muttis und Papis durchs Wasser zu tanzen und dabei das lustige "Wassermänner-Lied" zu singen.

Am Schlimmsten war dabei, dass die besagten Eltern auch wirklich Freude zu haben schienen, was mich gleich noch depressiver machte.

Warum konnte *ich* das bloß nicht mehr?

Meine arme Tochter, bei meinem Erstgeborenen war der wöchentliche Schwimmkursbesuch doch das Highlight der Woche.

Und immer dann, wenn das schlechte Gewissen wieder einmal besonders groß wurde, rappelte ich mich auf und versuchte, mich selbst zum Spaßhaben zu zwingen.

Aber es wollte mir immer weniger gelingen. Und das ließ meine Scham-und Schuldgefühle ins schier Unendliche wachsen.

Was war ich bloß für eine Mutter, es sollte die schönste Zeit in unserem Leben werden und jetzt? Jetzt zwang ich mich förmlich zum lustig sein? Wie sollte es denn so die perfekte Kindheit für meine beiden werden?

Und die Kinder entglitten mir.

Meine Tochter, die am Anfang immer einfach nur selig geschlafen, getrunken oder uns mit ihrem göttlichen Lächeln erfreut hatte, wurde immer lebendiger.

Wo ich mir zu Beginn noch einreden und erhoffen konnte, dass es stimmte, was ich mal irgendwo gelesen hatte, dass man immer ein temperamentvolles und ein ruhiges Kind bekommt, wurde ich ziemlich schnell mit der gegenteiligen Realität konfrontiert.

Mein Töchterchen hatte sich nur ein wenig ausgeruht, um sich dann innerhalb ihres zweiten Lebensjahres zu einem regelrechten Wirbelwind zu entpuppen. Einem ziemlich zickigen Wirbelwind.

Selbstbestimmt und frei. So, wie ich es immer wollte.

Drum prüfe, was du dir wünschst!

Meine Kinder waren also *beide* extrem laut, wild und auch irgendwie immer die einzigen, die laut und wild durch den heimischen Supermarkt schossen, wobei sie ein ums andere Mal fast die Deko zum Umstürzen brachten und man sie jedes Mal vom anderen Ende des Marktes her rufen hörte, ob sie sich denn etwas aussuchten dürften. Wir standen grundsätzlich im Mittelpunkt. Um diese Kinder kam man nicht herum. Sicher haben die Kassiererinnen des Öfteren ein Stoßgebet zum Himmel geschickt, wenn sie uns durch den Eingang kommen sahen. Alle anderen Kinder saßen übrigens ruhig und lieb im Wagen und sahen sich die Gegend an.

So jedenfalls kam es mir vor.
Und immer mehr Feuer für mein Gewissen und meinen Selbstwert.
Was um Himmels willen hatte ich denn nur falsch gemacht?
Der einzige Trost in diesem Fall war eine gute Freundin, deren Kinder im gleichen Alter wie meine waren und die so ziemlich das Gleiche durchmachte wie ich.
Wenn wir etwas zusammen unternahmen, so hörte man unsere vier Banausen quasi meilenweit im Voraus herumkrakelen, was und den ein oder anderen "seht-mal-zu-dass-ihr-eure-unerzogenen-Kinder-in -den-Griff-bekommt-Blick" einiger anderer Eltern und Mitbürger einbrachte. Verständlicherweise. Leider.
Aber in diesen Situationen fühlte ich mich wenigstens nicht so allein.
Anders, wenn mein Mann und ich mit unseren Kindern einen Ausflug unternahmen.
Ständig meckerten und drohten wir und unsere Kids schrien, nörgelten, kasperten, jammerten oder heulten ihrerseits. Jedes Mal aufs Neue nahmen wir uns vor, endlich mal einen entspannten Familienausflug zu unternehmen und planten diesen auch explizit. Wir fuhren morgens pünktlich los, um mittags, wenn die beiden

müde wurden, rechtzeitig zum Mittagsschlaf wieder zu Hause zu sein. Wir nahmen Unterhaltungsmaterial fürs Auto mit (für jeden gleich viel), um dadurch Langeweile-Streitigkeiten während der Fahrt vermeiden zu können. Und wir planten unsere Touren so, dass wir immer einen McDonalds-Besuch als Belohnung für einen gelungenen Ausflug in Aussicht stellen konnten.

Die Ausflüge endeten *immer* bei McDonalds, obwohl dann nicht als Belohnung, sondern eher als Schadensbegrenzung. Es war jedes Mal einfach nur extrem anstrengend.

Deshalb nahmen diese Familienfahrten auch immer mehr ab.

Ich hatte schlichtweg weder die Kraft, noch die Lust, mich wieder einmal komplett stressen zu lassen.

Nur, um jedes Mal aufs Neue feststellen zu mussen, dass es einfach keinen Sinn macht, nach zehn am Vormittag noch auf Karls Erdbeerhof zu sein, wobei man dann nur hofft, dass es nicht das eigene Kind ist, das vom Hüpfkissen fällt, weil da eben nun mal nicht hundert Kinder und deren überbesorgte Eltern draufpassen. Stattdessen müsste man sich auch eigentlich aufs Karussell konzentrieren, um endlich fürs andere Kind

mal an den begehrten Fahrersitz im Feuerwehrauto zu kommen.
Nein, das brauchten wir beide nicht mehr.
Was mir wiederum einen weiteren Punkt auf meiner gedanklichen "schlechteste-Mutter-der-Welt-Skala" einbrachte.
Die Kinder hatten doch immer solchen Spaß an unseren Ausflügen. Und man selbst kam auch mal raus am Wochenende. Was sollte man sonst erzählen und ins Fotobuch stellen? Oder als WhatsApp-Status posten? Was sollten die Kinder (oder zumindest das eine, das schon einigermaßen flüssig erzählen konnte) im Morgenkreis vom Wochenende berichten? Schon wieder nur ne langweilige Fahrradtour durch den Wald? Wie sollte das denn bitte schön den geistigen Horizont der Kinder erweitern? In diesem Alter sind sie wie ein Schwamm, saugen alle Informationen nur so auf. Wollten wir das verpassen oder sollten wir einfach, im Sinne der Förderung unseres Nachwuchses, einen weiteren nervenaufreibenden Ausflug ins Naturkundemuseum oder wenigstens in den Tierpark (da kann man ja auch was lernen) über uns ergehen lassen?
Immer wieder wogen wir ab.

Sehr, sehr oft jedoch ließen wir es einfach sein und in mir fraß der gefütterte Selbsthass ein tiefes Loch in meine Supermutti-Seele.
Ich konnte nur verlieren, egal, wie ich mich entschied.
Ich hatte auch kaum noch kreative Ideen.
War ich doch früher die, die jeden Nachmittag mit abwechslungsreichen Tätigkeiten füllte, so blieb immer öfter nur das gemeinsame Spazierengehen, wobei ich auch etwas Kraft tanken konnte und dann ganz viel freie Spielzeit für die Kinder, in der ich oft nicht wusste, wie ich sie denn heute schon wieder füllen sollte.
Immer öfter ließ ich die Kinder nun länger in der Kita, um so die gemeinsame Zeit etwas abzukürzen.
Hör sich das einer an.
Jeder Elternteil träumt doch davon, die gesamte freie Zeit mit den eigenen Kindern zu verbringen und kann dies nicht, weil es arbeiten muss. Ich hingegen hatte die Zeit und wollte sie nicht. Ich schämte mich so sehr. Ich wollte ja doch, aber ich konnte einfach nicht.
Die Schere zwischen Wollen und Können klaffte immer weiter auseinander.
Meine Geduld ließ so merklich nach, dass ich mich manchmal selbst nicht wiedererkannte.

Ich schrie meinen Sohn an, wenn ich ihm zum vierten Male sagen musste, dass er sich doch bitte nach dem Frühstück auf direkten Weg ins Bad zum Zähneputzen begeben soll und nicht erst vorher alles mit seinen Honigfingern vollschmieren oder mit seiner Schwester Faxen machen soll.

Etwas, das mich früher nicht aus der Ruhe gebracht hätte, ließ mich nun schier an die Decke gehen. Ich schrie immer lauter und öfter.

Hin und wieder wurde ich sogar persönlich und machte vorrangig meinen Sohn zur Schnecke.

Nicht mit Schimpfwörtern oder so aber schon hart an der Grenze zur Demütigung.

Und was brachte mir das?

Nichts, außer, dass ich Dampf ablassen konnte und so wenigstens nicht haute.

Aber mein Junge hörte dadurch beim nächsten Mal nicht besser, nein, er hatte meinen Wutausbruch wegen der Geh-direkt-ohne-was anderes-zu-machen-ins-Badezimmer-Nummer schon wieder vergessen und war sogleich mit seinem Verhalten dabei, einen erneuten Vulkanausbruch auszulösen. Und ich?

Klar fühlte ich mich ersteinmal erleichtert, aber glaubt ja nicht, dass das lange anhielt.

Diese Eskalationen fanden meist eben morgens statt, wenn es an allen Ecken und Enden knapp wird und manches einfach klappen muss. Was es natürlich in den meisten Fällen ... tadaa ... nicht tat.

Dann also brach mein innerer Vulkan in regelmäßigen Abständen mehr oder weniger feuerspeiend aus.

Am Schlimmsten wurde es, wenn mich zusätzlich noch meine prämenstruellen Hormone plagten, weil ich während dieser Tage von Hause aus schon extrem reizbar bin.

Jedenfalls stauchte ich noch auf dem Hinweg zu Schule und Kita meine Kinder zusammen und den Rückweg konnte ich manchmal vor Heulen nicht aus den Augen gucken so sehr plagte mich das schlechte Gewissen und die Selbstzweifel meine Eignung als Mutter betreffend wurden mit jedem Mal immer größer.

Ich liebte meine Kinder so sehr.

Und ich wollte doch, dass sie ihre Besonderheiten auch entdecken und leben können.

Nun war ich dabei, mit meinen Worten und meiner aggressiven Energie ihre Persönlichkeiten zu deckeln, um sie möglichst angepasst werden zu lassen, so, dass sie eben funktionierten.

Aber wenn jeder nur das machte, was er gerade mochte, kämen wir doch auch nicht weiter. Es gibt nunmal Verpflichtungen und Termine, so läuft das im Sozialgefüge. Schließlich sollten meine Kids ja auch mal klarkommen im Leben und da müssten sie auch Kompromisse machen.

Herrgott, warum war das denn alles so schwer?
Hätte man mich nicht vorwarnen können?
Irgendwann in der Zeit, als es mir besonders schlecht ging, sah ich auf YouTube einen Ausschnitt eines Vortrags einer jungen Zweifachmutter. Ich weiß nicht mehr, warum sie sich dazu berufen fühlte, dort öffentlich ihre Weisheiten kundzutun, aber ist ja auch egal. Jedenfalls beschrieb sie, wie sie den Konflikt des abendlichen Nicht-Zähne-Putzen-Wollens spielerisch gelöst hatte, indem sie sich (nachdem sie ihre Kinder ein paarmal seeehr nett umsonst gebeten hatte, doch jetzt mal ins Bad zu stiefeln) mit einer Decke vor deren Zimmer drapiert hatte. Dabei lockte sie die Kleinen mit dem Satz "Tuttuut, hier kommt der Zahnputzexpress, wer ist bereit, einzusteigen? Bitte anschnallen und festhalten, wir starten loooos!" wobei sie ihre Stimme ganz witzig so Schaffnerlike verstellte. Daraufhin sprangen

die Kinder wohl begeistert auf die Decke, ließen sich von Mami ins Bad ziehen und das Problem hatte sich flugs mit ein wenig Kreativität und Improvisationstalent in Luft aufgelöst.

Als ich diesen Ausschnitt sah, musste ich gleich erstmal wieder eine Runde heulen.

Warum fiel *mir* so etwas nicht mehr ein?

Ich konnte immer nur zweimal relativ höflich "bitte" sagen und dann schreien.

Und im Laufe meines Burn-outs wurde daraus auch immer öfter ein sehr ernstes: "So kommt ihr jetzt sofort oder muss ich erst wieder schreien?"

Buhuuuu, dabei wollte ich doch auch so eine Mutti sein, die jede heikle Situation mit ihrem Humor und ihrer allumfassenden Liebe so umwandeln kann, dass am Ende alle zufrieden sind.

Bei uns waren die Kinder nur immer frustriert und die Möchtegern-Improvisations-ich-hab-alles-im-Griff-Mutter heulte.

Toll.

Wo war ich hingekommen mit all meinen guten Vorsätzen und bestens durchdachten Plänen?

Wann bin ich, ohne es zu merken vom rechten Weg abgekommen?

So also schleppte ich mich mal mehr, mal weniger heulend oder schreiend durch den Alltag.
Das größte Problem für mich war dabei, dass ich meine Freude verlor.
Ich konnte mich kaum noch an meinen Kindern erfreuen, meist gingen sie mir mit ihrer Lautstärke und ihrem ständigen irgendwas wollen auf die Nerven.

Doch so fertig ich auch war, ich wäre trotzdem niemals auf die Idee gekommen, mir professionelle oder familiäre Hilfe zu holen.
Dazu war ich zu stolz.
Dann hätte ich mein Scheitern ja offen zugeben müssen und das wollte ich um keinen Preis. Zumal ich überzeugt war, dass mir eh keiner helfen konnte, da ich aufgrund meiner Ratgeber ohnehin sehr gut wusste, worum es ging, es eben nur nicht umsetzen konnte.
Ich war einfach zu doof. Das sollte mir nur kein anderer sagen.
So wahrte ich lieber schön weiter den Schein.

Den tiefsten Tiefpunkt erreichte ich dann wie gesagt im März vor gut einem Jahr, als die Kleine nach zwei Wochen mit Grippe zu Hause den ersten Tag wieder in die Kita ging.

Eigentlich eine Situation zum Aufatmen. Endlich mal wieder Ruhe.

Aber ich war so kaputt von all den wieder durchwachten Nächten (meine Tochter hatte mal einen Fieberkrampf, deshalb kontrollierte ich ständig (fieberhaft, haha) die Temperatur und war immer angespannt, obgleich der Angst vor einem erneuten Anfall) und den anstrengenden Tagen, dass ich weder ein noch aus wusste.

Die Wäsche sowohl zum Waschen als auch zum Bügeln stapelte sich, die Wohnung glich einem Saustall und ich hatte nicht die geringste Ahnung, wie ich das jemals bewältigen sollte.

Nun schien der Punkt gekommen, an dem das Nicht-mehr-Können das Wollen überwog. Materie besiegte den Geist. Ich lag sprichwörtlich am Boden und wünschte mir, ich wäre nie diesen Weg gegangen.

Ich wünschte mir, ich wäre nie Mutter geworden.

Und so tragisch dies auch für mich war, so sicher war es gleichzeitig, dass ich mich diesen Gefühlen nicht hingeben durfte, weil dies sonst unsere Familie komplett zerstört hätte.

Tief in mir *wusste* ich, dass ich nicht aufgeben durfte.

Für den Moment jedoch tat ich es.
Ich saß den ganzen Tag in unserem Wohnzimmer auf dem Boden an die Wand gelehnt und tat nichts außer mir selber leid.
Einen Tag lang.
Und den nächsten auch noch.
Zwischendurch holte ich die Kinder, ließ sie sich mit Süßigkeiten satt essen und den ganzen Nachmittag fernsehen.
So verfuhr ich auch den nächsten und übernächsten Tag.
Egal. Ich hatte keine Skrupel mehr.

Alles ausgelöscht. Leer.

Am dritten Tag fing ich an, den Vormittag über spazieren zu gehen.

Stunden.
Das gab mir klitzeklein by klitzeklein ein bisschen Kraft aber immer mehr Hoffnung zurück.

Ich musste umdenken, das Gefühl hatte ich tatsächlich schon länger, wenn nicht gar schon ein paar Monate.
Mein Bullerbü-Bilderbuch-Familen-Traum war geplatzt.

Und vielleicht traf mich daran auch gar keine direkte Schuld.
Vielleicht war es unrealistisch, perfekte Kinder in einer perfekten Umgebung großzuziehen und ihnen eine perfekte Kindheit bieten zu wollen? Vielleicht ist es nur menschlich und unumgänglich, bei dem Vorhaben alles vermeintlich richtig machen zu wollen zu scheitern.

Weil eben nichts perfekt ist. Auch, wenn uns immer suggeriert wird, dass wir das anstreben müssen, weil uns nur so die Anerkennung der Gesellschaft sicher ist.

Welch ein großer, großer Trugschluss, der viel mehr als nur das natürliche Elternsein kaputt macht.

Kapitel 11

Die Rolle unserer Gesellschaft

11

Die Rolle unserer Gesellschaft

Von außen betrachtet schien meine Situation gar nicht so dramatisch, wie ich sie im vorigen Kapitel beschrieben habe.

Im Grunde genommen und eben rein objektiv gesehen ging es mir sogar sehr gut.

Ich war also eine Frau mittleren Alters, nun, ehrlich gesagt eher in den "Mitenddreißigern", die mit ihrer Familie auf einem alten Hof südlich von Berlin in einem typisch brandenburgischen Dorf lebte.

Gut, wir haben leider keinen Dorfteich, der eigentlich sehr typisch für unsere Art von Dörfern ist. Dafür können wir uns glücklich schätzen, direkt an einem angrenzenden Naturschutzgebiet zu wohnen, quasi Tür an Tür mit Fuchs & Hase (die sich hier auch gelegentlich "Gute Nacht" sagen) und neuerdings auch mit einigen Wölfen.

Schon mal der erste Pluspunkt.

Wir wohnen wir in einem selbst ausgebauten Heuboden mit Blick über Felder und die riesigen Baumkronen des

Naturschutzgebietes zusammen mit der Familie meines Mannes, also seiner Oma und Opa und seinen Eltern. Natürlich jeder in einem eigenen Haus (puuuh)... .
Und so klischeehaft das auch klingen mag, meine Kinder konnten und können, sofern sie denn mochten nur mit Schlüpfer und Gummistiefeln bekleidet am Sonntagmorgen im Sommer in Uromas Garten, begleitet vom Hund und umschwirrt von unzähligen Insekten, Erdbeeren naschen gehen.
Das ist wirklich so romantisch wie es klingt.
Ich selbst genieße es, ungeschminkt in Schlabberhosen mit den Kids vormittags einen Spaziergang über die Felder zu machen und mich dabei nicht um mein Aussehen scheren zu müssen, weil ich keinen anderen Menschen treffe, wenn ich es nicht möchte. Und ich möchte es oft nicht. Das ist schon Luxus, findet ihr nicht?
Zweiter Pluspunkt.
Und die Uroma kocht ganz oft fur uns. Das fetzt auch, weil ich dies erstens nicht gern tue und es zweitens auch viel besser schmeckt als *würde* ich es tun. Sagen meine Kinder jedenfalls. Zu Recht, gebe ich zu.
Also einmal die Woche gibt es leckeren Omaeintopf.
Noch ein Pluspunkt.
Und dann meine eigenen Freiheiten ...

Mein Mann ist ganz klar der Hauptverdiener. Ich darf mich meinem Studium widmen. Und dem Haushalt und den Kindern.

Das ist für mich ein ganz klarer weiterer Pluspunkt.

Denn er ist zugegeben die Woche über eigentlich immer unterwegs, jedoch kenne ich viele Frauen, deren Männer zwar abends immer von der Arbeit heim kommen, dafür aber weit fahren müssen und es eh wenn überhaupt erst zum Gutenachtkuss-Geben schaffen, daheim zu sein.

Ich bin die Woche über alleinerziehend, ja, aber ich muss nicht noch nebenbei 40 Stunden arbeiten. Wir kommen trotzdem ganz gut über die Runden.

So, noch was?

Nee, eigentlich alles in Ordnung, oder?

So, wie in ganz vielen deutschen Haushalten.

Denke ich jedenfalls. Nein, *dachte* ich.

Mittlerweile bin ich davon überzeugt, dass es sicher ganz vielen Müttern so geht wie mir.

Aber man bekommt davon eben nichts mit.

Außen hui, innen am Ende.

Außen heile Familienidylle mit schickem Fertighaus, Rollrasen und einem Carport, unter dem sich fein säuberlich alle möglichen Kindertrecker und Bobby Cars neben den Familiensharan reihen.

Mit Trampolin und Polyrattan Loungemöbeln im 300qm-Garten.

Manchmal noch mit ´nem Golden Retriever, ganz sicher aber mit farblich aufeinander abgestimmten Fahrradhelmen für alle Familienmitglieder, die dann am Sonntag, wenn die Gartenarbeit getan ist, aufgesetzt werden, um den Nachwuchs mittels hippem Fahrradanhängerwagen über Land zu kutschieren. Dazu ein Sonnenschein-Gesicht und Friede, Freude, Eierkuchen.

Dabei versuchen viele Mütter so wie ich, lediglich eine Fiktion der Realität zu kreieren und rackern sich ab, um ihren Kindern eine Bullerbü-Welt aufzubauen.

Wie kommt das? Warum streben wir so sehr danach, es perfekt machen zu wollen?

Bei mir gab es dafür zwei entscheidende Gründe, wie ich dann irgendwann, während meinen laaaangen Spaziergängen im Wald, herausgefunden habe.

Zum einen ist es, weil wir in einer Gesellschaft der Superlative leben.

Normal sein reicht nicht aus.

Unsere Medienwelt macht es möglich, überall dabei zu sein und Einblick zu haben in das Leben fast aller. Und wir lechzen oftmals richtig danach, zu schauen, wie es andere so machen. Ob über Fernsehen, Facebook, YouTube, Blogs und Instagram oder sogar schon über den WhatsApp-Status

- ständig werden wir gewollt oder zufällig mit dem Leben und Wirken der anderen konfrontiert. Und immer sind da Menschen, die etwas vermeintlich besser machen, lustigere Partys feiern, mehr coole Freunde haben, schöner wohnen, natürlicher kochen, an interessantere Orte reisen, besser angezogen oder eingerichtet sind, sich gewählter artikulieren, erfolgreicher im Job oder deren Kiddies irgendwie süßer gekleidet und besser erzogen sind. Oder deren Kinder eben schon viel mehr können als der eigene Nachwuchs.
Plötzlich arbeitet es in uns.

Wenn wir auch im Grunde genommen ganz zufrieden mit unserem Leben wären, so ist es doch der Vergleich, der jegliches eventuell vorhandene Wohlgefühl mit einem Schlag zunichte macht.
Gerade als Neu-Eltern ist man selbst aufgrund des unbekannten Terrains erstmal total überfordert und orientiert sich eben gern an anderen, will es einfach nur richtig richtig machen.

Und vor allem besser. Besser als die eigenen Eltern und eigentlich auch besser als alle anderen Eltern.
Und dann kommt sie ins Spiel, unsere gute, alte Sucht nach Anerkennung.
Ein Vermächtnis unserer eigenen Kindheit das, ich würde mal vorsichtig schätzen, in 95 % von uns allen schlummert.
Und diese Sucht läuft in solchen Lebensphasen dann zur Höchstform auf.
Und statt auf unser Bauchgefühl oder auf die Erfahrenen zu hören und darauf zu vertrauen, dass das, was wir intuitiv geben können meist vollkommen ausreicht, machen wir uns auch hier zu Sklaven unseres mangelnden Selbstwertgefühls.
Heutzutage ist es nicht mehr die Karriere, mit der man sich wie noch vor ein paar Jahren brüsten konnte, nein, jetzt sind es unsere Kids.

Unsere Kinder sind unsere neuen Selbstverwirklichungsobjekte.
Hier können wir sowohl zeigen, was wir können, als auch, was wir haben.
Toll, alle Fliegen mit einer Klappe geschlagen!
Wunderbar, denn wer unsicher ist, der konsumiert.

Und wer am Ende dann die lachenden Sieger unseres zermarternden Perfektionskampfes sind, ist wohl ziemlich eindeutig, oder?

Okay, hier klinge ich jetzt wie ein Verschwörungstheoretiker, aber mal ehrlich, irgendwie scheint das alles ein bisschen wie gelenkt, nicht?

Es entspricht ganz oft *nicht unserem* inneren Drang, unsere Kinder jeden Tag ganz abwechslungsreich zu beschäftigen, nein, es ist ziemlich oft der Gruppenzwang.

Da gibt es eben in unserer näheren Umgebung ein paar Supermuttis, die es scheinbar ganz zwanglos schaffen, ihre beiden Kinder ohne Gequengel, sauber und mit einem Lächeln sowohl auf dem eigenen, als auch auf dem Gesicht der Kindchen morgens entweder auf dem Fahrrad oder im schicken SUV in die Kita zu fahren, um dabei gekonnt lässig und wie zum Hohn mit dem Nachwuchs ein Frühlingsliedchen zu trällern. Nach einem völlig entspannt wirkenden Schühchen-Ausziehen werden die Suppermutti-Kinder dann mit den eigenen Trinkfläschchen (sie trinken nur stilles Wasser und nicht diesen gezuckerten Kitatee) bewaffnet nach tausenden Küssen und Liebesbekundungen der Erzieherin übergeben, wonach die Mami beschwingt und natürlich super gestylt (das hatte ich vergessen) in einen wahrscheinlich wahnsinnig aufregenden Tag startet. Fuck! Und da soll man noch zufrieden sein mit dem eigenen Leben? Nein, man will mitziehen. Um jeden Preis.

Na ja, den Preis dafür habt ihr ja auf den letzten Seiten lesen können, denn diese vermeintliche Supermutti war ich vor eineinhalb Jahren auch noch (nur, dass meine Kinder natürlich ständig gequengelt haben und ich sicher nicht immer super gestylt war ... und auch keine besonders aufregenden Tag hatte;-)).

Und dann gibt es ja noch den tiefen Wunsch in uns, unseren Kindern das Beste zu geben.

Wir wollen, wie wahrscheinlich jede Elterngeneration schon vor uns und sicher auch die nachfolgenden, das Zusammenleben als Familie optimieren.

Und das ist eigentlich auch gut so, denn sonst wäre es auch heute noch völlig in Ordnung, Kinder zu schlagen und Frauen zu unterdrücken.

Das haben die Generationen vor uns in unserer Gesellschaft zumindest Gott-sei-Dank bereits überwunden.

Aber es läuft bei Weitem noch nicht einwandfrei. Zu der Zeit, als ich Kind war, galten Kinder noch immer als recht minderwertige Wesen und es hatte oberste

Priorität, sich den politischen Werten in der Gesellschaft unterzuordnen.

Da wurde gescholten und unterdrückt. Was "man nicht macht", das machte man eben nicht.

Und es musste auch immer aufgegessen werden ;-).

Und heute?

Der Staat hat immer weniger Macht und Einfluss, die Werte sind lange nicht mehr so klar wie damals.

Wir leben, so denke ich jedenfalls, in einer Zeit des Umbruchs.

Jeder sucht nach Verlässlichkeit und Tugenden, nach denen es zu streben lohnt.

Wir wollen Bräuche und Rituale und Werte, die nicht diesem beständigen Wandel unterworfen sind.

Es soll nicht immer alles jeden Tag anders sein.

Aber gleich wird aus jeder Sehnsucht, die sich in der Gesellschaft regt, wieder ein vermarktbarer Trend kreiert.

Nicht umsonst ist "Vintage" gerade so angesagt. Wir spüren, dass uns die Natur Halt geben kann und dass ein Leben im Einklang mit den Rhythmen der Natur eine Antwort auf unsere Unsicherheit, Unbeständigkeit und Unzufriedenheit sein könnte. Viele Familien zieht es aus den Großstädten hinaus ins urbane Land. Leben

im Grünen, jedoch trotzdem noch nah genug, um die Vorteile der gesellschaftlichen Errungenschaften nutzen zu können.
Wir wollen eigentlich nicht die Sklaven der Konsumindustrie sein und kommen doch nur schwer drum herum.
Ich für mich habe beschlossen, dass ich genau das versuchen werde.

Aus alldem für mich einen Mittelweg konstruieren, der es mir ermöglicht, Werte zu leben und weiterzugeben, die sich an der Natur orientieren. Dabei intuitiver zu handeln, nicht mehr nach dem zu streben, was die Gesellschaft gerade als richtig anpreist.
Denn sie tut es mit falschen Intentionen. Letztlich sollen wir immer nur brav und ängstlich sein und kaufen.
Das will ich nicht mehr.
Ich will noch mehr lernen, mich selbst zu lieben um meine Kinder so lieben zu können, wie sie sind. Ihnen Grenzen aufzeigen und sie lassen können.
Und ansonsten einfach nur mittelmäßig sein. Das dürfte dann schon ausreichen.

Ja ihr Lieben, diese Erkenntnisse sind mir natürlich nicht auf ein, zwei Waldspaziergängen gekommen, nein, dafür hat es tatsächlich Monate gebraucht.
Ja sogar jetzt, während ich an diesem Buch arbeite, kommen mir immer noch neue Ideen.
Und das wird hoffentlich auch nicht aufhören, ein bisschen Wandel muss schon immer auch sein. Wir sind schließlich auch nur ein Teil der Evolution, geboren zu dem Zwecke der geistigen, seelischen und körperlichen Weiterentwicklung.
Also, falls es auch für euch an der Zeit ist, einen neuen Weg einzuschlagen, habt Geduld.

Ich war auch vorgeprägt, habe ich doch vor meiner ersten Schwangerschaft schon viel an meiner eigenen Entwicklung gearbeitet. Bevor ich Mutter wurde, war ich eigentlich komplett mit mir im Reinen. Da seht ihrs mal, dass auch die, die`s vermeintlich wissen müssen, manchmal so überfordert sind. Aber gut, so wurden bei mir wieder ein paar Traumata, von denen ich gar nicht wusste, dass ich sie hatte, aufgearbeitet.

Also, lasst euch Zeit und seid gnädig mit euch. Findet euren Weg.

Das, was sich gut anfühlt.
Gebt nichts mehr auf Erziehungstrends, ihr habt das *in* euch, darauf dürft ihr vertrauen und bauen. Fangt an, an eurer Selbstliebe zu arbeiten und dann fragt euch, wer ihr sein wollt.

Das Schicksal zeigt immer einen Weg auf, daran glaube ich jedenfalls. Aber das nur am Rande. Ich will ja hier nicht das nächste Erziehunggsratgeberbuch schreiben. Gebt nicht *mehr* auf das, was andere sagen als auf das, was euch *eure* innere Stimme sagt. Und hört am besten damit auf, euch ständig zu vergleichen. Ein bisschen zumindest. Seid stattdessen dankbarer. Aber nur, wenn ihr mögt natürlich.
Mehr dazu gibt es auf den nächsten Seiten. Jetzt kommt nämlich *meine* Wandlung. Bissel gespannt? Dann los ...

Kapitel 12

Agenda 2.0 oder einmal Reset bitte

12

Agenda 2.0 oder einmal Reset bitte

Ja, ich wollte am liebsten nochmal von vorne anfangen und es dann *endlich* richtig machen ...

Habt ihr's gemerkt? Tatsächlich hatte ich genau das vor, als ich mich wieder etwas berappelt hatte. Jetzt aber *wirklich* alles richtig machen!

Gott sei Dank kam ich so ziemlich gleich selber drauf, dass ich dabei war, in genau die gleichen Muster zurückzufallen.

Jedoch war mir das Schicksal an dieser Stelle anscheinend sehr wohlgesonnen und ich durchschaute die Absurdität dahinter einigermaßen schnell.

Denn, wenn ich erneut versucht hätte, alles richtigzumachen, wäre ich ganz flink wieder an dem Punkt angelangt, wo nichts mehr geht.

Ich hatte vor geraumer Zeit mal eine Fortbildung durchlaufen, die sich mit der Burn-out-Prävention beschäftigte und dies kam mir jetzt, wie der Zufall es so manchmal will, selbst zugute.

Etwas spät vielleicht, aber eigentlich auch nicht, denn nur aus Fehlern lernt man ja bekanntlich. Ich wusste dadurch aber, dass ich selbst bis zum Halse in einer Krise steckte und kramte nun in meinem Hirn (und in den Studienunterlagen von damals) nach Möglichkeiten, um da wieder herauszukommen.

Die für mich wichtigste und ausschlaggebende Quintessenz ist die, dass man seine Prioritäten vollkommen neu ordnen muss.

Was will ich?

Was ist mir wirklich wichtig?

Wer bin ich und wer und wo möchte ich im Grunde meines Herzens sein?

All das hinterfragte ich nun also zuerst ganz vernebelt bei meinen Spaziergängen, später immer präzisierter.

Heraus kam, dass es ganz schön viel zu ändern gab.

Im Innen und im Außen.

Hier mal meine neue Prioritätenliste von vor ein paar Monaten:

1. Ich will wieder zu Kräften kommen, um ...

2. ...eine gute, liebevolle und verantwortungsbewusste Mutter zu sein

3. Ich muss mich um diese verf... Schuldgefühle kümmern und sie umwandeln.

4. Ich muss neue Regeln und Grenzen festlegen für alle Familienmitglieder, zuerst jedoch meine eigenen Grenzen definieren!

5. Ich will das Gefühl haben, dass sich mein Leben auch außerhalb des Mutterdaseins weiterentwickelt.

Und das Wichtigste:

Ich will einen Familienalltag leben, in dem sich alle wertgeschätzt, geliebt und einfach wohlfühlen, ohne dass dies zulasten eines anderen geht und ohne übernommene Überzeugungen von außen, die gar nicht zu uns passen.

Soweit, so gut. Aber würde man das alles realisieren können?

Auch hier ließ ich meine Ideen und Gedanken über Monate reifen und setzte sie peu à peu um.

Nicht, dass ihr jetzt denkt, das ging alles wie am Schnürchen, einmal überlegt und schon passt alles?

Nein, nein, da könnt ihr beruhigt sein.

Viele Ideen kamen bei den anderen nicht gut an, ließen sich gar nicht umsetzen oder scheiterten an der Alltagstauglichkeit.
Und selbst das, was ich bisher umsetzen konnte, brauchte oft viel Geduld von allen Seiten, viel Disziplin und Durchhaltevermögen.
Dies vor allem von mir.
Aber ich wusste, dass wir eine Einbahnstraße fuhren. Ich durfte mich nicht hängenlassen oder zu lax an die Sache herangehen. Hier war meine ganze Aufmerksamkeit gefordert.
Und wenn mir etwas zu viel wurde, ließ ich es langsamer angehen, ohne meine Ziele aus den Augen zu verlieren.
Okay, manches schlich sich auch von selbst irgendwie wieder aus, aber im Grunde ist das, was ihr nun auf den folgenden Seiten lesen könnt, meine "Erziehungsagenda 2.0".
Eine Mischung aus selbst Erlebtem und für gut Befundenem und allgemeingültigen Werten.
Aber eben kein übernommenes Konzept. Kein "das funktioniert bei anderen, dann muss das doch auch bei uns gehen", sondern ein genau geprüfter, eigener Kompromiss.

Sozusagen ein kleiner Neuanfang für unser Familienleben.

So, als würde man einfach mal die "Reset-Taste" drücken und schauen, was passiert ...

Kapitel 13

Meine innere Wandlung

oder

„Die Dinge sind nie so, wie sie sind. Sie sind immer das, was man selbst aus ihnen macht.“ (Jean Anoulih)

13

Meine innere Wandlung

oder

„Die Dinge sind nie so, wie sie sind. Sie sind immer das, was man selbst aus ihnen macht." (Jean Anoulih)

Klar ist es wichtig, sein Leben im Außen zu ändern, wenn man gerade eine Krise durchläuft. Genauso wichtig, wenn nicht gar noch elementarer ist es meiner Erfahrung nach aber, sein Denken und die eigene Einstellung zu verändern.

Bei mir bedeutete das sogar erst das *möglich werden* einer Wandlung in eine andere, für uns bessere Richtung.

Ich habe bereits in einem vorherigen Kapitel erwähnt, dass es objektiv, also von außen betrachtet, gar keinen Grund gegeben hätte, zu vermuten, dass ich gerade körperlich, seelisch und geistig total am Ende war, ja sozusagen direkt am Abgrund stand.

Das Hauptproblem war ganz klar meine eigene Einstellung zu den Dingen.

Meine starre Sichtweise dazu, wie ordentliche Kindererziehung auszusehen hatte.

Mein perfektionistisches Denken in allen Belangen wobei ich im Innern tatsächlich davon überzeugt war, ich sei ein total cooler und liberaler Mensch.

Ich dachte immer, dass ich dieses "was sollen die Leute denken" schon zu einem früheren Zeitpunkt überwunden hätte.

Denn bevor ich Mutter wurde, scherte es mich irgendwann auch nicht mehr, was andere über mich dachten.

Ich fand mich toll.

Aber dies war ein harter Weg. Denn in meinen Mittzwanzigern hatte ich schonmal eine heftige Sinnkrise durchgemacht und dabei all meine Überzeugungen, meine Kindheit und all das aufgerollt und überarbeitet.

Gestärkt, motiviert und voller Selbstvertrauen ging ich daraus hervor.

Es war also gerade alles wieder in Butter und dann ... tadaa, wirst du Mutter und fängst fast nochmal von vorne an.

Nein, von vorne nicht, aber meine Sucht nach Anerkennung, in der mein perfektionistisches Denken begründet war, hatte ich scheinbar also noch nicht überwunden. Jedenfalls nicht so ganz.

Ich erinnerte mich an eine Kernaussage aus einem meiner damaligen Lieblingsbücher "Der Feind in deinem

Kopf" von Jack Allanach, wo er beschreibt, dass wir den anderen Menschen eigentlich total egal sind.

Das war eine der befreiendsten Erkenntnisse, die ich damals erfahren durfte.

Denn, wenn man sich das verinnerlicht und die Richtigkeit erkennt, fällt plötzlich soviel von einem ab, dass man es kaum in Worte fassen kann.

Jedenfalls war das bei mir so.

Ich versuche in solchen Fällen, wo ich verstehen will, was jemand meint, mich ganz ehrlich selbst zu fragen, wie mir das mit *anderen* geht. Interessiert es mich wirklich, wie meine Mitmenschen leben? Eigentlich dient es doch nur wieder dem direkten Vergleich oder der schlichten Unterhaltung (das zum Beispiel, wenn ich mir abends auf "Galaonline.de" das Leben der Stars und Royals reinziehe;-)).

Wenn es anderen vermeintlich schlechter geht, fühlen wir uns besser und umgekehrt.

Aber eigentlich ist es uns egal, ob Herr Müller von nebenan mittags schon ne Flasche Wodka intus hat oder ob Schmidts Kinder mit zerlumptem Klamotten herumlaufen.

Es tangiert uns mal kurz, macht uns ein gutes Gefühl, weil wir froh sind, nicht alkoholsüchtig und wenigstens eine (vermeintlich) bessere Mami als Mutter Schmidt zu sein und gut. Mehr nicht.

Und anderen war ich also im Umkehrschluss genauso egal.

Yeah, das hilft mir jedes Mal.

Was denkt ihr? Ist es nicht klasse, dass ihr euch eigentlich gar nicht so anzustrengen braucht?

Es interessiert die Lehrerin nicht, ob euer Kind mit schmutzigen Fingernägeln in die Schule kommt. *Doch,* protestiert ihr jetzt vielleicht, *ich will nicht, dass die Lehrerin denkt, wir wären ein Schlampenhaushalt und ich eine verantwortungslose Mutter. Oh nein, es geht auch eben um unseren Ruf, wir leben in einer Kleinstadt, da ist ein guter Leumund Gold wert.*

Mag sein. Ihr sollt ja auch nicht gleich in einem erbarmungswürdigen Zustand vor euch hin vegetieren.

Nein, was ich meine ist ... es reicht, mittelmäßig zu sein!!!!!

Denn, und jetzt verrate ich euch noch eine meiner Wundererkenntnisse, die mir mein Leben seeeehr erleichtert: Je perfekter ihr versucht zu sein (oder es auch tatsächlich schaffen solltet, mit all eurer Kraft), desto schlechter wird euer Ruf.

Über wen lästert man denn? Über die, die vermeintlich alles schaffen. Und die, die viel Geld haben. Und die, die besonders schön und schlank sind. Kurzum, wir *hassen* solche Leute insgeheim, die besser sind als wir. Menschen ohne erkennbare Schwächen erinnern uns daran, dass es bei uns selbst noch viel zu tun gäbe. Also Daran, dass wir nicht so richtig mithalten können.
Mir ist das erst letztens wieder klar geworden, als mein Sohn mir von seinen Klassenkameraden erzählt hat.
Da ging es zum einen um einen Jungen, den man gemeinhin als Streber bezeichnen würde. In der ersten Klasse, gibt es solche Bezeichnungen (Gott sei Dank) bisher nicht. Der Kleine ist in allem gut und ich erinnere mich, dass seine Mutter uns in unserer "Klassengruppe" bei WhatsApp vorgeworfen hat, dass wir mit unseren Kindern die Schule nicht ernst genug nehmen würden, nur, weil sich einige von uns (ich inklusive) weigerten, ein von der Lehrerin für die Ferien mitgegebenes und freiwillig auszufüllendes Aufgabenheftchen mit den Kindern zu bearbeiten.

Jedenfalls ist diese Mama auch eine, so glaube ich es zumindest, die alles ganz richtig machen möchte. Sie pflanzt ihr eigenes Gemüse an und ist, mit dem vierten

Kind schwanger, ansonsten ebenfalls einfach Mutter. Eigentlich gut soweit.
Aber sie nervt eben. Weil sie so perfekt tut (oder ist). So supermuttig halt. Wie ich früher. Gott, was muss ich (diesbezüglich) nervig gewesen sein ....
Andererseits gibt es da ein kleines Mädchen, das immer wieder Ärger von der Lehrerin bekommt (also nicht nur mein Kind;-)), weil sie nicht lesen geübt hat. Die Lehrerin fragt dann, wie oft sie denn die Fibelseite zu Hause mit ihren Eltern gelesen hätte und sie sagt dann meist sowas wie: gar nicht.
Ich kenne die Mutter und die ist ... nun ja, mittelmäßig. Nicht schlampig oder vermeintlich "sozial unterklassig"(was bitte nicht wertend zu verstehen ist !!!!!), nein, aber sie liest halt, aus welchen Gründen auch immer, *nicht* regelmäßig und wie aufgetragen mit ihrer Tochter.
Als ich das hörte, musste ich unwillkürlich schmunzeln und dachte: welch eine herrlich normale, unstrebsame Frau.
Ich mag sie jetzt irgendwie gleich noch mehr.
Und eigentlich ist es auch egal, wie *gut* wir es machen, wir werden doch nie perfekt sein.

Und welche "Schwäche" sich dann bei den Kindern auch immer offenbaren mag, Schuld sind sowieso immer wir - die Mütter!
Ob nun zu frech, zu brav, zu ehrgeizig, zu faul, zu dick, zu dünn, zu hibbelig, zu träge, zu aufdringlich oder unhöflich oder was weiß ich noch alles.
Fällt eh immer auf die Mutter zurück. Immer!
Dann können wir doch auch gleich den Druck rausnehmen und uns ein bisschen entspannen, oder?

Wie schön wäre die Welt, wenn wir alle nur noch mittelmäßig wären. Nur normale überall. Klasse Vorstellung, oder?
Und wir könnten uns auch selber immer gut mit uns fühlen, weil uns niemand mehr unsere Unperfektheit vor Augen führen würde.
Ich strebe also von nun an danach, ein gesundes Mittelmaß zu erfüllen.
Und dazu gehört eben auch, dass wir hin und wieder mal zu spät kommen, ab und zu ein Shirt zwei Tage hintereinander tragen, die Kinder ruhig mal popeln und den Rasen vorm Haus auch mal ne Woche länger wachsen lassen. Keine großen Sachen, nein. Nur etwas, das

uns selbst ein bisschen mehr Freiraum verschafft und dabei noch ganz nebenbei unseren Ruf aufpoliert.

Generell versuche ich nun auch, mich nicht mehr mit anderen zu vergleichen.
Das ist nicht so einfach und bedarf viel Übung.
Für mich jedenfalls.
Erst letztens waren wir wieder einmal auf einem dieser Erdbeer-, Spargel- oder Kürbishöfe, auf dem es nur so vor vermeintlichen Supermuttis, die auch noch klasse gestylt sind, und ihrem ebenso perfekt gestylten Nachwuchs wimmelt.
Ganz schnell gerät man in die Versuchung, sich zu fragen, wie die da drüben so ein entspanntes Gesicht machen kann mit einem scheinbar Neugeborenen im Tragetuch und zwei um sie herumwuselnden Kleinkindern? Und überhaupt, wie ist es möglich, in dieser nachgeburtlichen Phase schon wieder so auszusehen? Wie kann man sich denn bitteschön diese Addidassneaker leisten, wenn man *drei* Kinder zu versorgen hat?
Ups, nein, nein, mit mir nicht mehr, Schluss!
Was mir sehr dabei hilft ist, mich an eine Liste zu erinnern, die ich damals während einer Weiterbildung zum ersten Mal gemacht und gleich geliebt habe.

Die "30-Punkte-Liste" habe ich für mich modifiziert und angepasst.

Es geht darum, dass man, wie der Name schon sagt, 30 Dinge oder Ereignisse in seinem Leben findet, für die man dankbar ist oder Eigenschaften, die man an sich selbst schätzt und Fähigkeiten, Erlebnisse oder Errungenschaften, auf die man stolz ist.

Das kann man in jeder erforderlichen Lebenssituation anwenden.

Allgemein fürs Selbstwertgefühl, für den Job oder wie jetzt in meinem Falle eben meine Fähigkeiten als Mutter betreffend.

Früher habe ich vor allem solche Listen erstellt, um mein Selbstwertgefühl und mein Selbstvertrauen zu stärken.

Mit gutem Erfolg. Ich würde sogar behaupten, dass nichts so effektiv bei mir funktioniert hat, wie das Erstellen und Anwenden dieser Listen.

In der letzten Krisensituation war es dann also mal wieder Zeit für eine Liste. Genauer gesagt in diesem Falle eine "Mutti-Liste".

Ich schrieb alles auf, was mich als Mutter stolz und dankbar machte. Und, was ich gut geschafft hatte. Alles, was unsere Familie ausmachte. Das waren so Dinge wie mein großes Verantwortungsbewusstsein (weil ich darauf achtete, dass sich meine Kinder gesund ernährten, sich jeden Tag an der frischen Luft und in der Natur bewegten und nur wenig fernsahen), mein schönes, gemütliches Zuhause, für das ich sehr dankbar bin und natürlich, dass ich schon stolz darauf sein kann, dass ich tagtäglich daran arbeitete, es für alle wieder besser zu machen.

Na ja, viele Dinge sind eigentlich selbstverständlich und doch wieder nicht.

In Krisenzeiten neigt man dazu, sein Licht unter den Scheffel zu stellen und die eigene Situation schwärzer zu sehen, als sie eigentlich ist.

Eine solche Liste hilft dabei, alles wieder mit mehr Dankbarkeit und Wertschätzung zu betrachten.

Und das ist allein schon eine großes Ding. Bei uns jedenfalls.

Kurze Zeit, nachdem ich angefangen hatte, mir tagtäglich meine Liste zur Hand zu nehmen und sie zu verinnerlichen, veränderte sich etwas.

Ich habe begonnen, meine Kinder, meinen Mann und mich selbst wieder mit mehr Nachsicht zu behandeln.

Es gab so viel, das bei uns schon gut lief und das war nicht zuletzt auch mein Verdienst.

Ich wurde wieder stolzer und selbstbewusster.

Die Energie, wenn ich das jetzt mal so sagen darf, wurde eine frischere, liebevollere.

Und das übertrug sich eben auf alle Familienmitglieder.

Ich wurde sozusagen selbst die Veränderung, die ich mir wünschte für unsere Familie (frei nach dem Zitat: "Sei selbst die Veränderung, die du dir wünschst für diese Welt." von Mahatma Gandhi).

Und heute, ein paar Monate später, ist das natürlich wieder etwas verblasst.

Aber ich gebe mir Mühe, mich gerade in Situationen, in denen ich versucht bin, mich mit anderen zu vergleichen, an die Punkte auf meiner Liste zu erinnern, für die ich dankbar bin.

Ich habe einen tollen, gesunden Jungen und eine süße gesunde Tochter.

Mein Mann und ich schätzen einander und auch, wenn wir nicht frisch verliebt sind, haben wir etwas sehr Wertvolles. Wir kennen uns, machen uns nichts vor. Er ist meine Heimat.

Und dann ist es schon gleich wieder besser.

Und, nun ja, ich habe mir diese Saison auch ein Paar Adidassneaker gegönnt.
Aber nicht wegen Vergleich und so (klaro!). Einfach nur fürs Wohlbefinden (natüüürlich!). Und außerdem, wenn Mutti glücklich ist ...ihr wisst, worauf ich hinaus will, um die schweineteuren Dinger irgendwie zu rechtfertigen und eine Entschuldigung dafür zu finden, dass die Marketingstrategien der Konsumgesellschaft, die ich so verteufle, auch bei mir bestens funktionieren!

Und dann habe ich da noch endlich mit der mir noch immer innewohnenden überholten Überzeugung aufgeräumt, dass es das größte Glück wäre, Kinder zu haben. Obwohl es ohne Frage ein Glück ist.
Aber ihr wisst, was ich meine.
Ihr erinnert euch nämlich sicher noch daran, wie euphorisch ich anfangs in dieses Unterfangen gestartet bin?
Das aufregendste Abenteuer meines Lebens sollte es werden.

Wurde es auch. Nur eben nicht so, wie ich es mir vorgestellt hatte.

Ich dachte, ich würde dadurch, dass ich die Welt mit den Augen meiner Kinder zu sehen versuchte, meine lange verlorene Unbeschwertheit zurückbekommen.

Ich tat nahezu alles dafür. Kletterte auf Hüpfburgen und Klettergerüste, plantschte wie wild in sämtlichen Spaßbädern, bastelte und knetete, was das Zeug hielt, buk kleine süße Cupcakes und wurde doch nicht freier dadurch.

Es war ein riesiger Trugschluss. Und als mir das im Laufe der Zeit immer bewusster wurde, haute mir diese ernüchternde Erkenntnis fast die Beine weg.

All die Jahre hatte ich von meinen Kindern erwartet, dass ihre Kindlichkeit mein Glück sein würde. Ich hatte übermenschliche Erwartungen in sie gesetzt, die sie niemals erfüllen *konnten.*

Und dann fühlte ich mich als Versagerin, weil es mir nicht gelungen war, das perfekte Glück zu leben.

Ich war wirklich enttäuscht. Nicht von meinen Kindern, obwohl sie dies ja auch irgendwie ausbaden mussten, nein, von der Gesellschaft.

Weil niemand darüber redet, wie hart es wirklich ist.

Es wird erwartet, dass Eltern das mal eben so nebenbei machen, das Kindergroßziehen, weil es immer so einfach dargestellt wird.

Aber niemand warnt dich vor all dem Dauerstress und der niemals endenden Anspannung, die dich vom ersten Tag an bis ... ich weiß nicht wann (bin ja noch mittendrin) begleitet.

Es ist kein Blumenpflücken auf einer Sommerwiese, nein, eher ein kräftezehrender Marsch durch kniehohen Matsch bei Regen und Sturm.

Und keiner traut sich, zuzugeben, dass es ihn, zumindest zeitweise, alle Nerven kostet.

Weil man das nicht zugeben *will.* Als einziger.

Wäre ja auch wieder nur ein Eingeständnis eines Scheiterns irgendwie.

Klar, man vergisst ja auch ganz schnell wieder. Und dann bleiben die schönen Erinnerungen. Aber mittendrin ist es alles andere als supertoll.

Und darüber sollten wir reden.

Wenn wir alle darüber reden würden, wäre es wieder normal. Schluss mit den Illusionen. Wäre doch angebracht und irgendwie unsere Pflicht, wenn wir jungen Eltern sagen würden:

Also ganz ehrlich jetzt mal, es ist kein Zuckerschlecken, das Elternsein, und nach Bullerbü hättet ihr vorher abbiegen müssen. Es wird schwer, betrachtet es einfach als einen Job. Der muss halt gemacht werden. Erwartet aber nicht, dass ihr dadurch per se glücklicher werdet. Das werdet ihr nicht. Es wird euch all eure Kraft kosten und Ängste schüren, die bis in den Himmel wachsen. Auch erwartet euch zum Schluss kein Goldregen sondern im besten Fall die Gewissheit, dass ihr es irgendwie ganz gut gemeistert habt. Gibt aber keinen Pokal oder so. Auch kein Lob von irgendwem. Genießt die Momente, in denen ihr vor Rührung Tränen in den Augen habt und in den ersten Jahren noch die feuchten Küsschen, sie sind alles, was ihr bekommt. Und die Erinnerung daran. Ihr könnt nur versuchen, mit einigermaßen heiler Haut da rauszukommen, indem ihr es euch möglichst einfach macht. Es ist kein Wettbewerb, ihr werdet es nicht perfekt hinbekommen. Die anderen packen es aber auch nicht besser, sie tun nur so. Bemühen reicht und öfters mal chillen. Ansonsten einfach liebhaben. Vor allem euch selbst. Und die Kinder. Sie nerven, aber das tun sie alle, keins ist besser oder schlechter. Sie können nichts dafür und wollen eben auch nur geliebt werden. Wie wir alle. Gebt ihnen also alle Zuneigung, die ihr entbehren könnt. Aber seht ja zu, dass für euch auch noch was bleibt!

Also...Augen zu und durch - toi, toi, toi!

Das wär doch mal was, oder? So als Willkommenskärtchen fürs Neugeborene im Krankenhaus ...

Kapitel 14

Die Rolle meines Mannes

14

Die Rolle meines Mannes

Irgendwie hatte man beim Lesen der Lektüre bisher das Gefühl, dass der Vater meiner Kinder in diesem Buch etwas zu kurz kommt, bzw. seine Rolle in diesem Stück gar nicht so richtig klar ist, stimmt`s?

Ich sage euch, das war gewollt.

Denn auch in unserem früheren, richtigen Leben hat er eine eher untergeordnete Rolle gespielt. Und das meine ich keinesfalls wertend.

Denn mein Mann, ich nenne ihn einfach mal so, obwohl wir gar nicht verheiratet sind, ist ein wirklich feiner Kerl.

Und doch muss ich zugeben, dass es seit der Geburt unseres Sohnes keine wirkliche Paarbeziehung mehr gab.

Es gab in erster Linie unser Kind. Und uns drumherum.

Aber kein "nur wir beide" mehr.

Das hätte ich nicht zugelassen. Was ihr mir sicher nach dem Lesen des ersten Teils ungesehen glaubt, oder? Ihr wisst ja jetzt, wie ich so drauf war.

Aaaaber, ich bin tatsächlich davon überzeugt, dass das auch von der Natur so gewollt ist. Es geht um die Brutpflege. Da braucht man auch nichts dran verkomplizieren. Gerade die Mütter sind da voll gefragt.

Es bleibt weder Zeit noch Lust, sich um die Belange eines eigentlich absolut selbständig zu leben in der Lage seienden anderen Lebewesens zu kümmern. Auch, wenn es den eigenen Partner betrifft, den man durchaus liebt.

Und doch ist es bei vielen Paaren ein Trennungsgrund, weil irgendeiner die neue Rolle nicht annehmen kann. Meist ist dies der Mann.

Ich finde, es sollte wirklich Elternschulungen geben, in denen zum Beispiel den Männern beigebracht wird, wie sie nach der Geburt des Kindes weiterleben sollen. Sie fühlen sich oft an den Rand gedrängt und wissen gar nicht, was sie nun tun sollen.

Und wir Frauen erwarten aber einfach, dass sie tun. Und zwar das Richtige. Was das sei, das müssten sie doch *sehen!*

Tja und da sind wir wieder bei dem Desaster der unterschiedlichen Kommunikationsformen von Mann und Frau.

Und dann sind da noch die alten Kindheitsgefühle und -erlebnisse... .
Die Frau hat nun ihr kleines Wesen, das sie von vorn bis hinten betüdeln und herzen kann, der Mann steht abgewiesen und ungeliebt in der Ecke. Welch ein Drama. Und das meine ich ernst. Keiner hat den jungen Vater darauf vorbereitet, dass all die Bemutterung und Zuwendung von ihm abgezogen und nun voll und ganz dem Nachwuchs zuteil wird.
Bei uns war das jedenfalls so. Mein Mann ging eigentlich recht gut damit um, da wir uns eh meist nur an den Wochenenden sahen. Aber gemerkt hat er es schon. Und hin und wieder auch anklingen lassen. Die genauen "Tathergänge" kann ich aber nicht mehr wiedergeben, dazu ist das schon zu lange her.
Aber ich weiß noch, dass er manchmal herum grummelte, wenn ich nicht mehr am Montagmorgen mit ihm aufstand, um ihm Stullen zu schmieren und mit ihm noch einen Kaffee zu trinken.
Das müsste er doch verstehen, schließlich war ich mindestens dreimal die Nacht wegen des Stillens wach.
Klar, er verstand auch. Viele andere Dinge auch.
Ich hielt das Zepter, ich hatte ein neues Leben als Mutter begonnen und er lief so nebenher. Nicht, dass er

nicht auch in seiner Vaterrolle aufging, aber die beschränkte sich in der ersten Zeit ja doch nur aufs Grimassen schneiden und Babywanne vollmachen, diese zum Tisch tragen und Babywanne wieder leeren. Oder Windeltüten entsorgen. Klasse Part, oder?

Aber das war mir damals nicht wirklich bewusst. Und er ließ mich machen. Ging Geld verdienen und ließ Mama ihren Spaß mit all ihren Erziehungskonzepten und Visionen und Plänen.

Ich wollte weder seine Einmischung, noch irgendwelche Vorschläge und schon gar keine Kritik. Somit gab es das auch nicht. Keine Einwände. Mutti macht das schon.

Und dann, ein paar Jahre später schrie ich ihn an, warum er mich denn gar nicht unterstützte.

Alles müsse ich allein entscheiden. Ob er denn nicht sähe, wie fertig mich das macht, für alles allein verantwortlich zu sein.

Dass er nicht mal einen Vorschlag für einen Familienausflug machen würde, ja noch nicht mal, was es zum Mittagessen geben sollte, würde er mitentscheiden.

Alles müsste immer nur von mir kommen.

Selbst dabei, was die Kinder anziehen oder welche Zahnpasta sie benutzen sollten, fragte er mich um Rat.

Kurzum, ich machte ihn total zur Sau und erwartete mir einfach mehr Unterstützung. Ich hatte das ganze Denken allein, musste alles immer im Kopf haben, durfte nichts vergessen und musste dabei dann auch noch vor neuen, kreativen Ideen sprühen.

Und er? Ging *arbeiten* - herzlichen Dank!

Tja, erst viel später habe ich erkannt, dass *ich* die Ursache unseres Zustandes war. Ich hatte es nicht anders gewollt.

Als er früher einmal die morgendliche Aufgabe übernahm, unseren Sohn anzuziehen, betrachtete ich es im Nachhinein als großen Fehler, ihm bei der Kleiderauswahl freie Hand gelassen zu haben. Das Kind sprühte quasi vor Farb-und Mustervielfalt. Und das ist jetzt mal nett ausgedrückt.

Und wie ihr aus den vorherigen Kapiteln wisst, mussten meine Kinder immer sauber und farblich passend angezogen sein. Was sollten die in der Kita denn sonst denken? Fällt doch alles auf die Mutter zurück.

Also ließ er es, nachdem ich ihm seinen fehlenden Stil vorgeworfen hatte.

Auch bei der Zahnpflege überließ ich nichts dem Zufall.

Dazu muss ich kurz ausholen, okay?

Es ist wichtig, alle wissenschaftlichen Erkenntnisse zurate zu ziehen, bevor man entscheidet, wie die Zahnpflege beim eigenen Nachwuchs betrieben werden soll (ich hoffe, ihr lest den Sarkasmus raus?!). Wir haben eine tolle und sehr kompetente Zahnärztin, die auch aufgrund der schlechten Zahnbeschaffenheit meines Sohnes zu Fluoridzahnpasta rät. Ich hingegen komme aus der naturheilkundlichen Richtung und bei uns ist Fluorid absolut verpönt. Da ich jetzt aber mit meiner vehementen fluoridfreien Herangehensweise nur noch mehr Abnutzung, die Zähne des Sohnes betreffend, provoziert hatte, ließ ich mich irgendwann darauf ein, dass die Zähne unserer Kinder abwechselnd morgens und abends mit und ohne geputzt würden. Es gab also eine Fluoridzahnpasta für kleine Kinder (meine Tochter), eine Fluoridzahnpasta für mittelgroße Kinder (mein Sohn) und eine fluoridfreie, homöopathisch verträgliche Zahnpasta für die Kinder, sowie eine Fluoridzahnpasta für meinen Mann und eine fluoridfreie Zahnpasta (jedoch nicht homöopathieverträglich), die ich in der Regel nahm.

So! Lustig, was?

Oder auch nicht. In Afrika verhungern derweil die Kinder. Also eher tragisch, womit sich unsereins so auseinandersetzt. Aber ich will ja ehrlich sein.

Und natürlich wusste mein Mann nicht, wann welches Kind mit welcher Zahnpasta zu putzen hatte. Somit musste er mich ständig fragen. Also dann, wenn *er* mit den Kids putzte. Am Wochenende manchmal. Wie kann man das denn *immer wieder* vergessen? Das machte mich rasend.

Beim Essen genauso. Er ist nicht so firm darin, wie gesundes Essen aussieht. Die Woche über ernährt er sich vorrangig von eingeschweißten Buletten und Würstchen. Manchmal isst er zu Hause eine Banane oder eine Orange an Weihnachten. Dann witzele ich schon, dass er aufpassen müsse, keinen Vitaminschock zu bekommen.

Jedenfalls könnten wir, was unsere Ernährungsvorlieben angeht, eigentlich kaum unterschiedlicher sein.

Würde also er die Entscheidungsgewalt über das wochenendliche Familienessen haben, gäbe es morgens Weizentoast (das billige von"Ja!") mit Margarine und Wurst (die eingeschweißte).

Zum Mittag dann Schnitzel, Buletten (o.ä., Hauptsache etwas von Schwein, Rind oder Lamm) mit Kartoffeln und Gemüse wie Blumenkohl oder Erbsen oder so (!). Und abends am liebsten was selbst Gegrilltes (mein Mann ist unter die Hobbysmoker gegangen;-)), hierbei liegt der Schwerpunkt aber ganz klar auch auf ... logisch, Fleisch!

So ihr Lieben und ich esse, wie ihr ja bereits erfahren habt, gaaaanz anders. Eigentlich hasse ich Fleisch. Nicht nur aus ethischen Gründen und weils ungesund ist, nein, es schmeckt mir nicht. Ich könnte echt brechen, wenn er sich dann manchmal ein Steak brät. Der Geruch schon allein ...

Hühnchen ist soweit mal okay, auch Hackfleisch. Aber einem Schnitzel kann ich einfach nichts abgewinnen.

Und natürlich will ich auch nicht, dass meine Kinder, die eh schon in Kita und Schule recht minderwertiges Kantinenessen bekommen, am Wochenende auch nur nährstofflosen Pamps essen sollen.

Weil mein Mann das weiß, lässt er mich also auch hier lieber allein entscheiden und isst dann, was auf den Tisch kommt.

Nun wisst ihr also, warum er sich komplett aus allen Entscheidungen, eben auch aus den kleinsten, heraushält. Er geht den Weg des geringsten Widerstandes oder anders formuliert: Er tut mit dieser Haltung ziemlich viel für den Familienfrieden. Eigentlich. Denn in den guten alten Zeiten lief das sozusagen problemlos. Nur in Zeiten, in denen die Mami einen selbst verursachten Burnout hat, ist alle Zurückhaltung dann kontraproduktiv und bringt die Mutti nochmehr zum Ausrasten. Was also soll der arme Mann tun?

Er kann eigentlich gar nichts tun, denn egal, wie er´s auch anpacken würde, es wäre falsch.

Somit muss er da durch, abwarten und hoffen, dass sie irgendwann die Kurve kriegt und zur Selbsteinsicht gelangt.

So wie ich. Naja, zumindest teilweise.

Indem ich gelernt hatte, dass ich es niemals perfekt machen würde, egal, wie sehr ich mich auch anstrengte, konnte ich auch hier loslassen und dem Mann wieder eine Hauptrolle zuteil werden lassen. Okay, sagen wir eine ziemlich hochtrabende Nebenrolle.

Er darf zwar immer noch nicht entscheiden, was die Kinder anziehen, denn das mache ich selbst einfach unheimlich gerne und ehrlich gesagt hat er wirklich null Komma null Farb-und Stilverständnis.

Aber es ist mir inzwischen egal, welche Zahnpasta die Kinder wann benutzen. Man stirbt ja nun auch nicht von Fluoridzahnpasta (jedenfalls nicht gleich;-)) oder bekommt Karies einzig und allein von deren Weglassen (jedenfalls auch nicht gleich). Und siehe da, er hat seinen eigenen Rhythmus gefunden. Also ... er wechselt halt immer mal irgendwie. Ist auch eigentlich sch...egal, in Afrika sterben ja wirklich immer noch Kinder ...

Was ich sagen will ist, auf den Punkt gebracht:

Ich möchte nicht mehr alles allein entscheiden. Ich kann das auch nicht mehr. Mein Kopf braucht Freiheit.

Und das ist es mir wert, auch mal ein ganzes Wochenende lang Fleischprodukte zum Mittag zu essen. Am nächsten Tag gibt es dann halt wieder vegetarisch.

Ich gebe ab und lasse zu. Und Leute, ihr werdet es nicht glauben, aber *er* ist viel kompromissbereiter, als ich es war und versucht, eine passable, mittelgute Lösung zu finden. Das entspannt unseren Alltag weit mehr, als ich es für möglich gehalten hätte.

Ja, Mutti gibt nun das Zepter ab. Manchmal.

Ach ja und nur ein kleiner Satz noch zum Thema Sex als Eltern.

Wer von euch Mädels hat denn ernsthaft zwei-bis dreimal die Woche Sex?

Doch nur die mit Schilddrüsenüberfunktion oder die, die ihrem Mann total ergeben sind, richtig? Erstere sollte sich in ärztliche Behandlung begeben und die mit dem Minderwertigkeitskomplex eigentlich auch.

Okay, wenn es da noch eine andere Variante geben sollte, verzeiht, ich kenne halt nur keine Frau, die sich einfach total gern und auf eigenes Drängen ein paarmal die Woche ihrem Mann, mit dem sie schon mehrere Jahre zusammen ist, hingibt.

Ich möchte eine Lanze brechen für all die Frauen, die keinen Bock auf Sex haben, weil sie einfach müde und zu beschäftigt oder eben einfach lustlos sind.

Es ist ganz normal. Ihr seid nicht frigide. Jedenfalls nicht ohne Grund.

Also ich halte mich da wieder an die Natur.

Eine Bärin zum Beispiel ist, während sie ihre Jungen aufzieht zu *gar keiner* sexuellen Handlung bereit. Ganz im Gegenteil, sie würde ausrasten, sollte es einer wagen, sich ihr auch nur zu nähern. Blutig hauen würde sie den. Erst, wenn die Jungen erwachsen genug sind und aus dem Revier vertrieben werden (jawohl, auch das ist natürlich und schützt vor Inzucht), in der Regel nach drei Jahren(!), ist sie wieder paarungsbereit. Und dann geht das ganze Spielchen von vorne los.

Noch Fragen?

Und ... letztlich sind wir alle doch auch nur Säugetiere, oder? Nur, dass bei uns die Aufzucht länger als drei Jahre dauert, hihi ...

Kapitel 15

Zeit für mich

15

Zeit für mich

Oh nein, ihr irrt, wenn ihr jetzt vielleicht denkt, dass die einzige "Zeit für mich" der Name des Wellnessduschbades sei, welches ich nach einem (harten, klar) Tag als Familienmutter mit gewollt massierenden aber doch irgendwie gehetzt wirkenden Bewegungen auf meinem Körper verteile in der Illusion, dass mich dies ein wenig aus meinem gedankenüberfrachteten Alltag holt und mir das Gefühl gibt, ich wäre es wert, mir "Zeit für mich" zu nehmen.

Nein Leute, diese Zeiten (welch ein Wortspiel, haha) sind wahrlich vorbei. Denn seit dem Burnout ist mir eine Sache ganz klar geworden: Ich habe mich, meine Ansprüche und Bedürfnisse all die Jahre verleugnet.

So getan, als wäre die einzige Erfüllung für mich die, meine ganze Zeit in den Dienst der förderlichen Entwicklung meiner Kinder zu stellen und all meine körperlichen und geistigen Ressourcen darauf zu verwenden, ihnen eine zauberhafte, sorgenfreie, ja eben perfekte Kindheit zu bescheren mit dem Ergebnis, dass ich mich dabei selbst komplett aus den Augen verloren habe.

Auch dies ist einer der Gründe, warum ein Zusammenbruch quasi unvermeidlich war.

Und es ist in unserer Gesellschaft immer noch ein Tabu, findet ihr nicht?
Klar, alle Ratgeberfachleute propagieren, dass nur eine erholte Mutter eine gute Mutter sei oder dass man sich zuerst einmal um sich selbst kümmern soll, bevor man sich um seine Kinder kümmert. Und schon um 1290 soll ein Mann namens Rüdiger von Hünchhofen gesagt haben:
"Wer seinen Kindern gibt das Brot, daß er muß selber leiden Not, den schlage man mit Keulen tot."
Nun ja, das mit dem Brot ist natürlich nicht wörtlich gemeint, gibt aber grundsätzlich den gleichen Sachverhalt wie die neumoderne Erziehungsliteratur wieder.
Soweit, so gut. Und wer hält sich dran?
Seien wir ehrlich, wann kümmern sich Mütter ganz allein nur und ausschließlich um sich? Eigentlich nie, oder? Und oftmals ist es gar nicht die *Zeit*, die da fehlt, sondern der Mut.

Jawohl, wir trauen uns nicht, uns selbst wichtig zu nehmen, weil das einfach in der Gesellschaft verpönt ist. Nicht offiziell natürlich, aber doch unterschwellig unausgesprochen gilt es als Gesetz, dass eine Mutter sich mit Anbeginn ihrer Schwangerschaft bis na ja, sagen wir gnädigerweise bis nach überstandener Pubertät, ausschließlich der Brutpflege zu widmen hat.

Das ist einfach so. Egal, wie wir das finden. Punkt. So bei mir zum Beispiel.

Ich gehe morgens, wenn ich die Kinder in ihre Einrichtungen gebracht habe, gerne eine Runde spazieren. Nicht ewig, aber einfach eine halbe Stunde in den Wald oder über die Felder.

Ganz allein.

Ich sortiere meine Gedanken, reflektiere, resümiere, plane und wecke sozusagen meine kreativen Energien. Als ich anfing, an diesem Buch zu arbeiten, war es mir schlicht unmöglich, auch nur eine Zeile zu schreiben, ohne vorher bei einer Runde in der Natur das grobe Konstrukt des Kapitels, welches ich an diesem Tag verfassen wollte, in meinem Kopf strukturell auszuarbeiten.

Und bevor ich meinen Zusammenbruch bekam, der mich quasi zwang, meinen bisherigen Lifestyle zu überdenken, plagte mich jeden verdammten Morgen das schlechte Gewissen.

Und das, obwohl ich nicht die Arbeit schwänzte oder meine Kinder sich selbst überließ, nein, einfach so. Es war immer so ein unterschwelliges komisches Gefühl im Bauch, wenn ihr versteht, was ich meine. Und Gedanken wie "hoffentlich sieht mich niemand, wie ich hier so langschlendere als hätte ich nichts Wichtigeres zu tun" oder " das ist jetzt schon das dritte Mal diese Woche, hoffentlich fällt das keinem auf!"

Es war also kein Zeitmangel, der mein schlechtes Gewissen begründete, denn meine Arbeit schaffte ich trotzdem. Es gab nichts, was unter meinen morgendlichen "Spaziereskapaden" litt. Aber irgendwie ...

Irgendwann ging ich dem mal auf den Grund und stellte fest, dass es besagte Ansprüche sind, die vorgeben, was eine Mutter zu tun oder eben zu lassen hat.

Wenn ich ehrlich bin, habe ich das früher auch gedacht. Hat sich eine Mutter aus meinem Bekanntenkreis das Recht herausgenommen, ihre Kinder bei der Oma abzugeben, um allein shoppen zu fahren, habe ich sie im Stillen und ganz unbewusst sowohl beneidet als auch aufgrund ihrer egoistischen Machenschaften verachtet.

Heute denke ich in Anbetracht einer solchen Situation: Well done good girl, statuiere ein Exempel!!

Früher fand ich immer, dass ich die Einzige wäre, der es mit dem schlechten Gewissen so erging, vielleicht, weil ich *nur* studierte (und das auch oft von zu Hause aus) und nicht, wie die meisten Mütter, die ich kenne, noch einen Voll-oder wenigstens Teilzeitjob habe.
Dafür halte ich mir zugute, dass ich meine Kinder quasi im Alleingang erziehe, da mein Mann die Woche über arbeitstechnisch unterwegs ist. Aber das nur am Rande... . Seht ihr, schon wieder Rechtfertigung!
Jedenfalls, als ich begann, mein Leben zu verändern und gleichzeitig dieses Buch zu schreiben, fasste ich mir ein Herz und fragte ein paar meiner Mädels, wie es ihnen denn so in Bezug auf "Zeit für mich" erginge.
Oftmals wurde die Antwort von einem Stöhnen eingeleitet, was eigentlich bereits alles erklärte.
Den meisten von ihnen fehlt schon auch die Zeit für ausgedehnte Alleingänge, geschweige denn
Hobbies. Aber es trifft tatsächlich auf den Großteil der befragten Mütter zu, dass sie, selbst wenn sie sich ein Stündchen freischaufeln könnten (und das kann jeder, wenn wir ehrlich sind), sie es sich nicht wagen würden,

in dieser Zeit so ganz offiziell etwas für *sich ganz allein* zu tun.

Eine Freundin von mir ist da schon ziemlich fortschrittlich. Sie hat es doch tatsächlich vollbracht, mit einer Bekannten ein Wochenende an die See zu fahren und die Kinder währenddessen bei deren Vater zu Hause zu lassen. Zwei volle Tage, stelle sich das einer vor. Und während ich sie (das war erst vor Kurzem) zu dieser Unternehmung ermutigte und mich für sie freute, bekam sie von ihrer eigenen Mutter zu hören, dass dieser "Spaß" wohl wieder(!?) auf Kosten der Kinder ginge.

Bähm, mitten rein! Besser kann man ein gerade mühevoll beruhigtes schlechtes Gewissen wohl nicht wieder aufblühen lassen. Zum Glück kam ihr dieser Spruch erst nach ihrer Reise zu Ohren.

Und das von der eigenen Mutter.

Eine Mutter, die, so war das damals eben bei all unseren Müttern üblich, 40 Stunden gearbeitet hat, alleinerziehend war und ihre Kinder nicht selten als Letzte von der Kita geholt hat. Meine ist danach hin und wieder noch mit Freunden feiern gegangen, während ich bei meiner Oma war. Das war in Ordnung. Und aus heutiger Sicht bewundere ich all die Mütter von damals, die ja auch noch viel jünger und unerfahrener waren als wir heute.

Und auch mit dieser Intention schreibe ich das Buch.

Sozusagen als Aufruf an euch, die ihr das bisher ähnlich erlebt habt.

Manchmal bekommen wir es von allen Seiten, wir sind der Sündenbock der Gesellschaft, immer, wenn etwas irgendwo vermeintlich nicht richtig läuft, schreibt man die Schuld den Müttern zu.

Und die ziehen sich immer schön brav die Jacke an und versuchen, es wieder gut zu machen.

Frauen, ihr seid so unendlich fleißig, ohne euch würde das alles hier (und ich meine wirklich alles, ohne übertreiben zu wollen) nicht funktionieren. Wer seid ihr, dass ihr euch unwürdig fühlt, für euch selbst zu sorgen?

Das muss aufhören.

Ich jedenfalls höre damit auf. Schritt für Schritt.

Und ohne damit meine Kinder zu vernachlässigen. Na gut, ein paar Kompromisse müssen sie schon machen.

So lasse ich es zum Beispiel nicht mehr zu, dass ich meinen Nachmittagskaffee total gehetzt und wie nebenbei hinunterstürze, während ich einem Kind die Jacke öffne und des anderen genauesten Erläuterungen

lausche, wie das neue coole Spiel funktionieren würde, das sie heute im Sportunterricht gelernt hätten.
Nein Freunde, ich erlaube mir "meine halbe Stunde".
Eine Zeit, in der ich mich vollends besagtem Kaffeegenuss hingebe, ein paar Mails durchschaue, noch ein paar Seiten meines Romans lese oder ganz in Ruhe die Wäsche aufhänge (jaaa, ich weiß, aber ich muss ja auch hin und wieder Kompromisse machen und außerdem bin ich dabei dann nicht zusätzlich von Kindern okkupiert).
Die Kinder spielen in dieser Zeit in ihren Zimmern.
Und das klappt.
Ich war selbst erstaunt. Es muss wohl an meiner überzeugten Ausstrahlung gelegen haben oder daran, dass ich ihnen damit drohte, dass ich sonst gar nicht mit ihnen spielen würde.
Aber es verbringt jedes meiner Kinder tatsächlich diese halbe Stunde ruhig und allein in seinem Zimmer (meistens). Mehr oder weniger ruhig, die Kleine liebt Kinderlieder über alles und muss das dann auch möglichst laut hören.
Aber allein. Sonst streiten sie wieder ...
Und ich merke, dass es beide Kinder auf ihre Art genießen. Sie haben ihr Zeug für sich und müssen keine Revierkämpfe ausfechten. Das entspannt sie, wirklich.

Jedenfalls glaube ich das und das entspannt mich natürlich noch mehr.

Das Beste, was man für ein gutes Familienklima tun kann, ist meiner Meinung nach dafür zu sorgen, dass jedes Kind ein eigenes Zimmer hat, in das man es schicken kann. Trennung schafft Ruhe.

Wenn ihr also *ein* Kind habt, ein zweites plant, jedoch nur über *ein* Kinderzimmer verfügt, lasst es. Mit dem zweiten Kind, meine ich. Ihr macht euch kaputt, wirklich. Aber das wieder nur am Rande.

Und ich lese wieder Bücher, auch ganz offiziell. Klingt komisch, war aber für mich immer ein Problem.

Denn wenn man sich in einen Sessel lümmelt, sich in eine Decke einkuschelt gekrönt mit einem Käffchen und einer Tafel Schokolade oder einem Glas Wein und einer Tafel Schokolade, um dann ein Buch zu lesen, dann tut man unmissverständlich etwas für sich.

Klar, man könnte auch einen Erziehungsratgeber lesen, was ja dann wieder etwas im Sinne aller wäre, jedoch meine ich das nicht. Nein, es geht um Wohlfühlliteratur, in meinem Falle zum Beispiel um einem ganz profanen Medizinthriller. Etwas, auf das ich mich immer riesig freue und das ich mir in den letzten Jahren nur ab und zu mal gegönnt habe, weil ich sicher etwas Zeit hätte erübrigen können, mich aber einfach nicht getraut habe.

I

Ich dachte mein Mann und /oder wer auch immer (mein gut erzogenes Ego ;-)) könnten denken, ich sei faul. Und faul zu sein ist so ziemlich das Schlimmste, was man dir als Mutter vorwerfen kann. Denn dies wäre gleichzusetzen mit verantwortungslos, also unfähig.

Wer Zeit hat, etwas nur für sich zu tun, tut in diesem Moment nichts für die Familie und wir alle wissen, dass Familienmutter zu sein ein 24h-Job ist.

So bügelte ich stattdessen. Für viele Frauen ist bügeln eine Strafe, aber ich mag es wirklich. Ich kann dabei entspannen. Das Schönste ist, dass es nach absoluter Selbstkasteiung im Sinne der Familie aussieht, weils eben keiner gerne macht, für mich aber eine Tätigkeit ist, bei der ich, dadurch, dass ich meinem Mann in dieser Zeit die Kinder aufhalse (das gefährliche heiße Eisen und so), total runterkommen kann.

Was für mich tun, ohne,dass es danach aussieht.

Wie Rasenmähen, ist normalerweise keine so *richtig harte* Arbeit, sieht aber geschäftig aus und man kann am Ende des Tages ein Ergebnis vorweisen.

Etwas, das mich total glücklich macht, denn diese Befriedigung habe ich als Mutter nie.

Nein ehrlich, etwas zu tun, bei dem man das Gefühl hat, dass dann, wenn es fertig ist, irgendwas schöner ist als vorher erfüllt mich immer sehr. Deshalb räume ich auch gern die Wohnung auf (einmal am Tag, hinterherräumen hasse ich wiederum).

Suspekt? Mag sein, dass ich ziemlich verschroben bin, aber so ist das nun mal. Ich will ja ehrlich bleiben ...

Nun also es geht darum, dass ich mir immer mehr diese kleinen Inseln im Alltag schaffe. Keine großartigen Hobbies, nein, so weit bin ich noch nicht, sondern gezieltes Abhängen, runterkommen, rumlungern, Tagträumen. I

Ich habe kürzlich einen sehr interessanten Artikel im "ZeitMagazin"* gelesen, in dem es darum ging, dass alles in unserem Leben einen Zweck erfüllen muss, uns quasi optimieren und unseren Wert erhöhen soll. Sogar unsere Hobbies. Wir wählen und tun sie nicht mehr einfach aus einem Interesse heraus, sondern weil wir uns dadurch mehr Anerkennung erhoffen. Aber dies ist ein gesellschaftliches Problem und würde hier zu weit führen, jedoch trifft es die Kernaussage des Artikels auf den Punkt, finde ich. Kaum einer hängt mehr ab, keiner macht mal einfach nichts. Schade.

Ich finde, da sollten wir wieder hinkommen.

Und wir müssen uns Hilfe holen, einander unterstützen. Ich habe damals, als es mir wirklich schlecht ging, meinem Mann gesagt, dass wir etwas ändern müssen. Nicht, dass er es selbst gemerkt hätte, die meisten Männer sind im Analysieren von Gefühlen bei anderen (oder sich selbst) ganz schöne Nieten.

Sie sind eher die Fans von klaren, gesagten Botschaften denn von subtilen emotionalen Gesichtsausdrücken. Das ist dann wieder das Ding von uns Frauen, oder?

Und ganz ehrlich, wir erwarten das eigentlich auch von unseren Männern.

Ein großes Problem, dessen Analyse auch wieder nur den Rahmen an dieser Stelle sprengen würde. Ich jedenfalls habe erkannt, und das allein hat mich etliche Jahre gekostet, dass mein Mann absolut unempfänglich ist, was nonverbale Kommunikation anbetrifft.

Er würde mich selbst dann, wenn ich ein total schmerzverzerrtes Gesicht machen würde, noch fragen, ob mit mir alles okay wäre. Aber wenigstens *das,* denke ich heute. Hätte mich schlimmer treffen können ... Also, um auf den Punkt zu kommen, ich erzählte meinem Mann damals nach reiflicher Überlegung, wie es um mich steht, dass ich also irgendwie im Moment nicht mehr so funktioniere wie sonst und dass ich etwas Abstand, sprich Erholung bräuchte. Da er ja die Woche über unterwegs ist, konnte ich mir etwaige Hilfe nur am Wochenende erwarten.

Ich überlegte also, was mich einerseits entlasten, ihn aber nicht *zu* sehr zusätzlich belasten würde und kam schließlich auf das gute alte Timesharing oder Jobsharing als Kompromiss.

Statt uns die ganze Zeit am Wochenende gemeinsam um unsere Kinder zu kümmern, wobei niemand wirklich etwas schafft, geschweige denn ein wenig ausspannen kann, kam ich auf die Idee, dass wir die Wochenenden genau einteilen, bzw. aufteilen müssten, um es ein wenig entspannter zu machen. Gesagt, getan (okay, wir haben angefangen, es zu tun;-))!

Es beginnt mit dem morgendlichen Ausschlafen, einem wahren Luxus, von dem Kleinkind-Eltern bekanntlich nur träumen können. Unser Tag beginnt regelmäßig zwischen halb sechs und sechs Uhr. Wirklich jeder Tag. Es hilft kein am-Abend-länger-auflassen, kein Zimmerkomplett-verdunkeln und was weiß ich noch. No way, unsere Kinder sind Frühaufsteher. Und auch meine, wodurch auch immer gegründete Hoffnung, dass es bei Schulkindern anders wird, habe ich aufgegeben, nachdem unser Sohn im letzten Jahr mit der Schule anfing und sich seitdem an seinem Schlafrhythmus im Gegensatz zu dem unserer Freundeskinder nichts verändert hat.

Und ich wiederum schlafe für mein Leben gern aus. Eigentlich. Seit ein paar Jahren ist das für mich natürlich nur noch ein ferner Traum eines früher gelebten, unbeschwerten Lebens.

Denn wenn *Kinder* wach sind, sind alle wach.

Und da ich ja vor meinem Burnout vehement dagegen war, die Kinder vom Fernseher unterhalten zu lassen und sie dadurch ruhig zu stellen, musste ich notgedrungen in den sauren Apfel beißen und jeden Tag, 365 Tage pro Jahr um eine Zeit aufstehen, zu der ich mich früher manchmal gerade erst hingelegt hatte.

Und dann, ihr werdet es wissen, wenn ihr Kinder habt, geht das ja auch nicht erst so langsam los, nein, kleine Kinder können von null auf hundert mit all ihren Sinnen und Stimmen präsent sein. Keine Aufwärm- oder eben Aufwachphase, kein "och komm, wir trinken erstmal in Ruhe einen Kaffee im Bett und schweigen uns dabei harmonisch an, nö nö, es geht gleich mit ganz viel Wollen und Bitten und hin und wieder zur Krönung auch gleich mit einem deftigen Geschwisterstreit daran, den sonnigen, frühlingshaften und eigentlich perfekt-hätte-werden-könnenden Tag einzuläuten.

Darum habe ich mit meinem Mann einen Deal vereinbart.

Da das Wochenende bekanntlich zwei Tage hat, geht es genau auf. Jeder bekommt einen Tag vom Wochenende ab. Und an diesem Tag darf der jeweilig Begünstigte im Bett bleiben und versuchen, auszuschlafen (was meist nicht funktioniert, da die Kinder eben einfach alles überschallen und an Schlaf nicht zu denken ist) oder einfach nur allein im Bett liegen, sich nochmal einkuscheln, träumen, dem Vogelgezwitscher lauschen oder ... na ja, schlichtweg in Ruhe in die Gänge kommen, wie Ältere das nun mal so brauchen.

Irgendwann schleicht, auch das gehört zum Deal, der Partner mit einer Tasse Kaffee herein und wenn wir ganz viel Glück haben, sind die Kinder ebenfalls in ihren Zimmern beschäftigt und wir können in Ruhe zusammen einen Morgenkaffee trinken.

Ihr mögt euch gar nicht vorstellen, wie toll das ist. Das Wochenende hat so für mich eine 100%-ige Wertsteigerung erfahren, ehrlich.

Neuerdings, nachdem ich nun keine Supermutti mehr sein will, lassen wir die Kinder auch am Sonntagmorgen

fernsehen und das toppt das Ergebnis noch mal, weil man sie dann auch noch nichtmal hört.
Ein Segen, probiert es aus.
Ansonsten sind wir dabei, dieses Timesharing noch auszubauen, denn geplant ist eigentlich, dass jeder von uns einen ganzen freien Vormittag bekommt (Yey!!!), mein Mann dann den Samstagvormittag zum Bauen und Werkeln und ich am Sonntag die gleiche Zeit für irgendwas, das ich gern ganz allein machen will.
Die restliche Zeit gehört dann vollkommen der Familie.
Bisher sind wir leider über die theoretische Planungsphase noch nicht hinausgekommen, weil es noch ein paar Unwägbarkeiten gibt, die es einzukalkulieren gilt (Umgang mit Geburtstagen, Krankheit der Kids oder sonstigen festen Terminen, Omabesuche usw.), aber wir arbeiten dran und weil die Motivation so stark ist, bekommen wir das sicher auch noch hin.

Letztens habe ich mal überlegt, warum mir diese Zeit für mich ganz allein so wichtig ist, wo ich ja noch nicht mal irgendwas Sinnvolles mache.
Aber es ist, glaube ich, einfach das Nicht-Kümmern-Müssen, versteht ihr, was ich meine?

Nicht hinsehen, nicht aufpassen, nicht zuhören, nicht schlichten, trösten und vermitteln, nicht holen, halten, abwischen, eingießen, abschneiden oder bringen. Nicht lächeln, nicht spaßig und ansprechbar sein, nicht erzählen, nicht lesen.

Einfach mal wie im luftleeren Raum mit sich selbst allein sein und gern auch mal ohne Rücksicht auf die Außenwirkung Fresse ziehen dürfen. Unbezahlbar und letztlich tatsächlich für die ganze Familie ein Gewinn. Zumindest für unsere ...

** ZeitMagazin, 16.Juli 2018: "Die Anarchie der freien Zeit" von Carmen Bröker*

Kapitel 16

Phönix aus der Asche

16

Phönix aus der Asche

Ich bin ein sehr großer Befürworter des Stillens. Wer kann, sollte. Wenn er (was eigentlich ja "sie" bedeutet, haha) will.

Aber wer nicht will oder kann, sollte auch kein schlechtes Gewissen haben müssen.

Ich kenne viele Mütter, die behaupten, sie hätte nicht stillen können, wobei eigentlich jeder, der sie etwas näher kennt, genau weiß, warum sie wirklich aufgehört haben. Sie rauchen.

Warum ist das ein Tabu?

Warum können Frauen in unserer doch ach so emanzipierten Gesellschaft nicht einfach sagen: Wisst ihr, ich stille nicht, weil ich wieder rauchen möchte. Ist doch okay!

Klar ist Muttermilch das Beste fürs Kind, aber noch wichtiger ist eine Mutter, die Gelassenheit ausstrahlt, weil sie hin und wieder schön eine durchziehen und dabei ein wenig Stress abbauen kann. Und immer noch besser, als würde sie stillen und dann heimlich rauchen, oder?

Ich weiß nicht, Mädels, es gibt wirklich noch so viel zu tun an der "Tabufront", richtig?

Ich für meinen Teil *wollte* stillen. Und ich konnte. Es war mein größtes Glück.

Und so praktisch. Ich musste nachts nicht mal aufstehen. Ich bezweifle sogar, dass ich überhaupt richtig wach geworden bin. Jedenfalls empfand ich meine Nächte als gar nicht sooo kräftezehrend. Und auch tagsüber stillte ich nach Bedarf.

Das heißt, wenn eines meiner Kinder irgendeinen Mucks gemacht hat, der nicht nach einem entspannten Kinderglucksen klang, wurde es angelegt und Ruhe war. Immer, überall.

Praktisch, das erwähnte ich ja bereits.

Ich stillte beide Kinder so ungefähr bis zum zweiten Geburtstag. Summa summarum und mit Unterbrechungen hatte ich dann also inklusive der beiden Schwangerschaften so um die fünfeinhalb Jahre lang meinen Körper und dessen Ressourcen mit jemandem geteilt. Wie gesagt, ich habe es gern getan und würde es auch wieder machen. Vielleicht nicht so lange und anders.

Ich würde mehr auf mich achten. Denn ich habe im Laufe der Jahre immer mehr an Kraft und Wohlbefinden eingebüßt.
Zuerst konnte ich das gar nicht zuordnen, aber je mehr ich mich damit befasst hatte, wie es zu meinem Zusammenbruch kommen konnte, desto mehr gewann auch diese Komponente an Bedeutung.
Ich hatte mich verausgabt, quasi über meine Verhältnisse gelebt. Denn obwohl ich schon auch auf meine Ernährung geachtet habe, maß ich ihr einfach nicht die Priorität bei, die es gebraucht hätte. Ich aß, wenn Zeit war. Was da war. Gut, ich kochte ja auch für die Kinder, aber wenn ich so drüber nachdenke, habe ich allzu oft das Mittagessen ausgelassen. Frühstück sowieso, morgens kann ich noch nicht so richtig essen. Also immer mal zwischendurch eine Banane oder nen Keks, Milchschnitte, belegtes Baguette vom Bäcker. Und am Abend, wenn alle Kinder im Bett waren und eeeendlich Stille im Haus, holte ich meine geheimen Schätze hervor, von denen die Kinder, die ich ja vorbildlich gesund ernährte, nichts wissen durften. Ich muss sagen, dass ich mir schon auch etwas schäbig vorkam, wenn ich die Toffifees und Milka Nuss, die 300er, Tafelweise in mich hineinstopfte, während ich auf der Couch lag und

"Grey´s Anatomy" schaute. Zeitweise war dies das Highlight meiner Tage (ist es auch heute noch ab und an).

Und da ich auch bezüglich der Nährstoffe, die ich meinen Kindern übers Stillen bereitstellen wollte, hin und wieder ein schlechtes Gewissen bekam (in einer Nussschoki ist Vitamin C nun mal nur in homöopathischen Dosen vorhanden), nahm ich zusätzlich manchmal, wenn ich es nicht vergaß, ein Vitalstoffpräparat ein.

Das reichte natürlich bei Weitem nicht aus. Und gerade ich als Heilpraktikerin hätte es wissen müssen. Aber es ist ja bekanntlich immer so mit dem Schuster und dessen Schuhen.

Warum sagt einem das denn auch kein Frauenarzt? In der Schwangerschaft wird man mit Folsäuretabletten buchstäblich gemästet und als stillende Mutter, deren Vitalstoffbedarf dann auch nochmals ansteigt, ist man plötzlich komplett allein gelassen. Kind raus, Interesse weg.

Und da befindet man sich ja sowieso im Brutpflege-Modus und vernachlässigt sich selbst.

Dabei ist es so wichtig, sich ausreichend zu versorgen.

Wie wichtig, das sollte ich bald schmerzlich erfahren.

Ich wurde allmählich immer müder, schwächer und depressiver, wie ihr ja bereits wisst. Meine Nerven waren so belastbar wie der sprichwörtliche seidene Faden und jede "falsche" Kleinigkeit ließ mich vor Wut explodieren.
Und auch, nachdem ich meine Tochter abgestillt hatte, erholte ich mich nicht. Denn wie es die Natur so will, bekam ich nun wieder regelmäßig meine Tage und das in bisher unbekanntem Ausmaß. Ich will an dieser Stelle gar nicht weiter ins Detail gehen, nur so viel, dass ich mich an Tag zwei manchmal gar nicht aus dem Haus traute ... trotz "Super Plus".
Jedenfalls trieben mich die Umstände immer tiefer in den Burnout und die mir fehlende Nährstoffe trugen ihren nicht unerheblichen Teil dazu bei.
Ich beschäftige mich nun schon ziemlich lange mit Mikronährstoffen und deren Bedeutung für den Organismus und bin fest davon überzeugt, dass fast alle chronischen Krankheiten heilbar wären, würden sich die Menschen ordentlich ernährten, nicht soviel Alkohol trinken und rauchen, sich genug bewegen und schlafen und sowohl kreativer, als auch gelassener sein.

Aber jaaa, ich hatte ebenfalls in allen Punkten Defizite - außer beim Rauchen halt (und beim Trinken, geht ja leider nicht, wenn de stillst).

Und deshalb versuchte ich auch, bei mir so einiges wieder ins Lot zu bringen. Ich wusste, dass ich meinem Körper eine Menge schuldete, er hatte, wie der einer jeden Frau, die Kinder geboren und genährt hat, Höchstleistungen vollbracht und wie dankte ich es ihm? Indem ich zu wenig schlief, kaum je einen Fuß vor den anderen setzte, wenn es nicht unabdingbar war und ihm dann auch noch die allzu wichtigen Nährstoffe, die er so dringend brauchte, vorenthielt. Ich nahm mir vor, dies zu ändern.

Mein schwacher und etwas dicklich gewordener, schlaffer, faltiger, Körper bedurfte einer Grundüberholung.

Ich wollte endlich wieder Lebendigkeit sehen, wenn ich mich im Spiegel anschaute.

Ich wollte wieder die (einigermaßen) attraktive Frau werden, die ich früher war.

Wohlan, es gab viel zu tun.

Gerade in stressigen Zeiten ist es meiner Meinung nach unumgänglich, Mineralstoffe, Vitamine und Spurenelemente *zusätzlich* einzunehmen. Ich will euch jetzt nicht schon wieder die Story mit den ausgelaugten Ackerböden vorkauen, aber im Grunde genommen ist es schon wahr. Unsere Nahrung hat extrem an diesen lebenswichtigen Stoffen eingebüßt. Ich bin davon überzeugt, dass wir alle ein Defizit haben, welches sich immer mehr ausbreitet, wenn wir nicht gegensteuern. Meine Oma (Gott hab sie selig) gebar sechs Kinder. Niemand hat sich darum gekümmert, dass sie sich die durch die Schwangerschaften verlorenen Nährstoffe wieder zuführt, so dass ihr Körper weiterhin normal hätte arbeiten können. Sie alterte schneller als andere und bekam ein Wehwehchen nach dem anderen. Irgendwann starb sie dann sicher früher, als es hätte sein müssen. Ihr Herz war zu schwach. Und statt es zum Beispiel mit essenziellen Stoffen wie Magnesium und Vitamin E zu stärken, wurde ihr eine Pille nach der anderen verschrieben.

Ich will das jetzt nicht grundsätzlich verteufeln, aber es wäre in vielen Fällen sicherlich viel einfacher, den Vitalstoffstatus eines Menschen zu checken statt ihn mit Blutdrucksenkern, Antidepressiva usw. zu versorgen.

Die orthomolekulare Medizin steckt noch in ihren Kinderschuhen und wird allzu oft leider noch belächelt, aber wer weiß, vielleicht heilt man Arthrose irgendwann mit Vitamin C und Magnesium, Parkinson mit Vitamin

B12 (vielleicht sind auch die Zitteranfälle, die unsere Kanzlerin neuerdings hat, einfach bedingt durch einen massiven B12-Mangel) und Schizophrenie mit Zink? Das wäre jedenfalls weitaus nebenwirkungsärmer, weil es nur das ersetzte, was dem Körper fehlt, statt massiv in die Körperchemie einzugreifen wie das beispielsweise bei Cortisonlangzeittherapien der Fall ist.
Egal, das soll ja nicht unsere Baustelle sein.
Nur eine Anmerkung noch. Ich mag die Schulmedizin. Auch, wenn ich das teilweise allem Anschein nach gegenteilig kommuniziere. Ärzte haben viel für mich und meine Kinder getan. Das muss an dieser Stelle unbedingt auch erwähnt werden.
Ich denke nur, dass gerade chronische Erkrankungen oft falsch behandelt werden.
Unser Opa wurde letztens ins Krankenhaus eingewiesen, weil er massive Atemnot hatte und ständig fror. Alle möglichen Untersuchungen wurden veranlasst, bis man eine leichte Lungenentzündung diagnostizierte. Die Atemnot war dadurch nur teilweise erklärbar und wurde auch unter den verabreichten Antibiotika nicht nennenswert besser. Man schob das auf sein Rauchen und die dadurch vorhandene chronische Bronchitis.

Aber was war mit dem Frieren und der augenscheinlich blassen Haut?

Auf unser Drängen hin wurde sein Blut nochmals gründlich durchgecheckt.

Heraus kam dann, dass er an einer massiven Blutarmut litt, welche alle Symptome nun vollständig abdeckte. Ihm wurde Eisen und Vitamin B12 verabreicht, aufgrund der Schwere gleich intravenös und tadaa: es ging ihm täglich besser. Atemnot ist nur noch alters-und raucherentsprechend bei Belastung vorhanden, frieren tut er nicht mehr und er schläft auch nicht mehr den ganzen Tag, wie er es vor der Behandlung getan hatte, sondern wurschtelt wieder tagtäglich im Garten herum.

So einfach.

Dieses Beispiel sollte dazu dienen, euch aufzuzeigen, wie weitreichend ein Vitalstoffmangel sein kann. Es sind nicht immer nur Müdigkeit oder Kopfschmerzen, die auftreten können, wenn jemand einen Mangel hat, nein, es kann durchaus schwerwiegendere Folgen haben. Aber dies braucht Jahre.

Wie bei mir. Ich war Gott sei Dank nicht ernsthaft krank, jedoch litt ich eben neben den genannten Symptomen auch unter einer starken Infektanfälligkeit. Ich nahm jede Erkältung meiner Kinder mit, verlor Haare ohne Ende, hatte immer Pickel und kalte Hände. Am schlimmsten waren jedoch diese bleierne Müüüüdigkeit und Lustlosigkeit. Und die Reizbarkeit.

Aber wie gesagt, ich nahm das also in Angriff.

Ich nannte es mein "Phönix-aus-der-Asche-Programm" und hatte es aufgrund langjähriger Ernährungsversuche, meines erlernten Heilpraktikerwissens und ganz vieler Recherchen aus Büchern und Internet zusammengestellt.

Es stützte sich auf die vorhin schon erwähnten Säulen Ernährung, Bewegung und Erholung.

Der größte Knackpunkt der Geschichte war die Ernährung, verfolgte ich doch zwei irgendwie konträre Ziele gleichzeitig. Ich hatte vor, die drei bis vier Kilos, welche noch von den Schwangerschaften und den Toffifees übrig geblieben waren, auf jeden Fall abzunehmen. Und außerdem sollte mein Körper wieder kräftiger, muskulöser, straffer und gesünder werden. Ha, gar nicht so einfach. Und noch dazu gibt es wohl kaum ein anderes Thema, zu dem auf dem freien Markt mehr gegenteilige Hypothesen existieren, die alle begründet zu sein scheinen.

Mein Gott, was habe ich alles probiert. Nicht zu dieser Zeit, nein, Gott sei Dank hatte ich hier schon früher viel herumexperimentiert und konnte so ganz viel von vornherein für das Phönix-Projekt ausschließen. Und kaum etwas deckte meine beiden Wünsche gleichzeitig ab. Almased,Wundersuppe & Co., die ich eigentlich sehr favorisiere, fielen aus, da sie zwar die Pfunde purzeln ließen, sich aber grundsätzlich nicht für einen schon geschwächten Körper eignen.

Es ging eigentlich nur über eine Ernährungsumstellung, für die ich jedoch definitiv zu ungeduldig war. Irgendwann kam ich dann aufs Intervallfasten. Kaum verwunderlich, denn wer sich heutzutage mit gesunder Ernährung und Gewichtsabnahme beschäftigt, der stolpert unumgänglich früher oder später über diesen Begriff.

Es geht, ich beschreibe es nur kurz, bei der Variante, die ich nennen will darum, den größten Teil des Tages nichts zu essen, genau genommen ca. 16 Stunden lang. Dies am besten so um die Schlafenszeit herum. Dann kann man die restlichen acht Stunden essen. Das soll zu einem nicht zu unterschätzenden, stetigen Gewichtsabbau führen und zugleich (!) den Körper gesunden lassen. Letzteres wird dadurch erreicht, dass der Körper während der täglichen Fastenperiode endlich Zeit hat, die eigenen Schwachstellen zu reparieren (ich hoffe, ich habe das jetzt weitgehend richtig und verständlich erklärt, wenn nicht, gebt doch bei Google mal "Autophagie" ein, so heißt dieser Prozess). Klar, er muss ja nicht verdauen.

Das ist, als würde der Mann plötzlich eine Woche lang mit den Kindern verreisen und man hätte endlich mal Zeit, zu Hause so richtig gründlich aufzuräumen. Nicht immer nur so huschi, huschi zwischendurch, nein, auch mal die Ecken wischen, die Wintermützen wegräumen, Kindersachen aussortieren und hinter den Betten saugen. Okay, der Vergleich mag hier und da hinken, aber ich finde eigentlich, dass es die Sache im Groben ganz gut beschreibt.

Gut, gut, mal davon abgesehen, dass erstens wahrscheinlich kein Mann dieser Welt jemals freiwillig eine ganze Woche allein mit *allen* Kindern der Familie wegfahren würde und dass, sollte er dies doch aus irgendeinem unerfindlichen Grunde jemals tun, wir zweitens niiiiiemals die kostbare Zeit damit vergeuden würden, das ganze Haus sauberzumachen.

Oder doch? Ja ich glaube, wir Frauen wären so doof.

Aber, das werden wir nie heraus finden, weil ... siehe erstens.

Und was die Gewichtsabnahme beim Intervallfasten betrifft: Ja, es ist tatsächlich relativ egal, was man dann während der verbleibenden acht Stunden isst. Man sollte jedoch nun auch nicht ohne Verstand alles Verfügbare in sich hineinstopfen. Auch irgendwie logisch, oder? Aber man darf sich auch hier und da mal eine Süßigkeit gönnen.

Insgesamt ein tolles Konzept und nachvollziehbar. In der Natur gibt es schließlich auch nicht alle zwei Stunden einen gedeckten Tisch, nein, ein Wolf muss auch mal zwei, drei Tage ohne Nahrung auskommen, wenn sich gerade keine Beute auftun lässt. So ist es sicher auch für uns Menschen gesund, denn wie gesagt, regeneriert sich unser Körper sehr gut bei Nahrungsentzug. Das erklärt auch, warum man bei Krankheit keinen Appetit mehr hat.

Also zusammenfassend: kontrolliertes Fasten ist für die meisten Menschen sicherlich geeignet, sollte aber dennoch mit dem behandelnden Hausarzt besprochen werden.

Ich probierte es jedenfalls aus.

Ich aß abends gegen 20.00 Uhr das letzte Mal etwas und dann erst wieder am nächsten Tag gegen Mittag. Das gefiel mir gut und war für mich leicht umzusetzen, da ich ja eh kein Frühstücksmensch bin, hingegen abends gern mit meinen Kindern essen wollte. Gut, anfangs hatte ich morgens ein paar Probleme wirklich sooo lange durchzuhalten, aber daran gewöhnte ich mich sehr schnell. Und ich gebe zu, dass ich es auch hin und wieder mal nicht so genau nahm und mir hier und da eine kleine Nuss zwischen die Lippen schob. So ein Miniding konnte ja nun auch nicht schaden, oder? Und ja, ich trank meinen Kaffee mit Milch, obwohl auch dies eigentlich während der Fastenzeit untersagt ist. Aber mein Gott, wir wollen schließlich weg von perfekt und hin zu normal. Kleine Fehltritte sind also sogar erwünscht, redete ich mir erfolgreich ein.

Und während der acht Stunden Essenszeit versuchte ich, mich sehr gesund zu ernähren. Gesund heißt für mich möglichst wenig leere Kalorien, also am besten Vollkornprodukte, die auch lange sättigen und randvoll mit Mineralien und Spurenelementen sind. Hier dokterte ich mit einigen Varianten herum, musste aber feststellen, dass ich dann am Mittag als erste Mahlzeit gern etwas Süßes & Warmes aß. Ich kam dabei irgendwann auf Getreidebrei (Vollkornflocken oder ganzes Korn), den ich mir mit Wasser, etwas Milch und Honig aufkochte und mal mit Chiasamen, mal mit Datteln, Gojibeeren oder Gewürzen wie Zimt oder Vanille sowie frisch geriebenem Apfel oder Banane verfeinerte.

Ich kochte immer eine riesige Portion (so um die 100g Flocken zum Beispiel) und aß diese dann auch mit einem Bärenhunger und gutem Appetit auf. Dann brauchte ich nachmittags meist gar nichts mehr (gelegentlich eine Handvoll Nüsse, manchmal etwas Obst oder mit den Kids auch mal ein Eis) und zum Abendbrot aß ich dann wieder richtig gut, also 2 bis 3 Stullen Vollkornbrot mit Butter und Käse oder Kresse oder selbstgezüchteten(!) Sprossen. Oft gab es dazu ein frisch gekochtes Ei. Zu den Sprossen und dem Ei gleich mehr.

Oder ich kochte Kartoffeln und irgendwelches frische Gemüse wie Brokkoli, Erbsen und Möhren oder was auch immer es so gibt. Dazu wieder viiiiel gute Butter und meist Ei.

Warum ich so viel Ei esse, fragt ihr? Nun, das Ei wird, wie ich finde, zu Unrecht verteufelt. Eier enthalten wahnsinnig viele gute Vitamine, vor allem die fettlöslichen A, D, E und K. Auch Butter liefert davon viel. Und auch Nüsse. Davon nehmen wir heutzutage meist zu wenig zu uns.

Wir versuchen (auch die Kinder) mindestens fünf Eier pro Woche zu essen.

Ich bin ein absoluter Verfechter der tierischen Fette aus Ei, Butter, Käse und Milch

Pflanzliche Fette versuche ich hingegen, weitestgehend zu meiden, weil sie kaum irgendwo ganz frisch zu bekommen sind und schnell oxidieren. Das kann unter Umständen dann mehr schaden als nutzen.

Klar, es sollte alles frisch und möglichst bio sein, und Milch nicht pasteurisiert oder fettreduziert, sprich verarbeitet. Relativ naturbelassen also.

Okay, Milch polarisiert weil ihr nachgesagt wird, dass sie den Organismus verschleimt und somit anfällig macht für Infektionen, aber da ist nun mal soviel Gutes drin, dass ich es so halte wie mit der Fluoridzahnpasta. In Maßen erlaubt.

Zumal meine Kinder so gut wie gar keinen Käse essen und auch Gemüse nur soviel, dass es den Nachtisch rechtfertigt. Ohne Milch hätte ich sonst Angst, dass sie nicht genug Kalzium bekämen.

Und ich züchte Sprossen. Im Moment. Hin und wieder. Brokkolisprossen um genau zu sein. Kresse mag ich auch ganz gern. Sprossen sind zum einen megagesund weil voll mit Nährstoffen jeglicher Art und sekundären

Pflanzenstoffen (wirklich, belest euch mal, sie sollen tatsächlich in der Lage sein, Tumorzellen im Wachstum zu hemmen) und außerdem schmecken sie wirklich frisch und lecker auf dem Butterbrot und sind ganz einfach herzustellen.

Sooo und ja, ich esse auch Schokolade. In der Woche (also von Montag bis Freitag) abends einen Riegel von einer Tafel dunkler Schokolade mit 85 % Kakaoanteil. Eklig meint ihr? Ja, okay, es gibt sicher bessere, aber man gewöhnt sich dran und vor allem reicht tatsächlich ein Riegelchen und die Schokolust ist gestillt. Außerdem soll auch dunkle Schokolade (aber erst ab einem Kakaoanteil von über 70 %) in der Lage sein, Krebs vorzubeugen, Entzündungen zu hemmen und die Stimmung zu heben. Habe ich zumindest mal irgendwann irgendwo gehört und mach das einfach. Ich komme gut damit klar und fertig. Wie gesagt, prüft es gern nach, falls ihr da genauere Infos wünscht.

Ich erhebe keinen Anspruch auf die absolute Richtigkeit meiner Thesen.

Und Heilversprechen mache ich sowieso nicht. Niemals (blabla).

Gut, was noch? Ach ja, im Frühjahr und Frühsommer bin ich mit den Kindern viel in Feld und Wald unterwegs und dann pflücken wir uns des Öfteren frische Kräuter. Meist Brennnessel, Löwenzahn, Schafgarbe oder Wegerich. Mehr kenne ich nicht und nehme ich folglich auch nicht mit. Diese waschen und kochen wir dann zu Hause mit Honig auf und trinken es als Tee. Mein Sohn liebt das regelrecht. Wirklich, ehrlich. Okay, Fanta würde er dem natürlich vorziehen, aber da er nur die Wahl zwischen diesem Tee und Wasser hat, trinkt er tatsächlich lieber den selbst gepflückten Tee.

Und das ist dann auch schon alles bezüglich meiner Ernährungsweisheiten.

Alles andere habe ich gestrichen.

Also kurzum, die Woche über ernähren wir uns wirklich obergesund.

Auch die Kinder bekommen eine einzige süße Sache am Tag (zuzüglich eines Bonbons als Belohnung für den Löffel Lebertran am Morgen) wie ein Eis oder ein Pingui oder so und natürlich noch das, was sie in Kita, Schule und Hort so abgreifen, das ist durchaus auch beträchtlich. Sonst nur Obst, Gemüse, Vollkornbrot, Vollkorntoast, Vollkornbrei, keine süßen Aufstriche außer ein bissel Honig, Nüsse, Eier, ein Glas Milch am Tag. Und Wasser. Letzteres haben sie allerdings eher unserer Zahnärztin zu verdanken;-).

Und ja, ich nehme Nahrungsergänzungen ein. Jetzt wieder.

Ich habe anhand meiner Symptome ein Programm zusammengestellt, von dem ich glaube, dass es meine entleerten Speicher optimal aufzufüllen in der Lage ist.

Und auch hier merke ich erste Erfolge.

Sicher könnte ich dazu ein ganzes Buch füllen und wer weiß, vielleicht mache ich das tatsächlich mal. Jetzt aber nur soviel:

Ich bin der Auffassung, dass es elementar für junge Mütter ist, im Besonderen für die, die gestillt haben, ihren Nährstoffstatus per Blutbild überprüfen zu lassen. Oftmals fehlt zum Beispiel Magnesium, gerade bei den Frauen, die unter Bluthochdruck oder gar Schwangerschaftsvergiftung litten. Reizbar und zugleich schwach und müde zu sein, ist ein gutes Indiz dafür, dass ein Mangel an diesem Mineral vorliegen könnte. Vitamin D kann bei Magnesiummangel erst gar nicht richtig verwertet werden, genauso wie B6. Lasst Eisen, B12 und Folsäure checken, die sind meist Mangelware und machen ähnliche Symptome. Und auch die anderen B-Vitamine. Am besten wirksam sind die immer im Komplex.

Ich nehme außerdem Zink ein. Das wird wirklich unterschätzt. Eine stillende Frau hat den höchsten Zinkbedarf von allen Personengruppen. Ich hatte schon vor meiner ersten Schwangerschaft einen nachgewiesenen Zinkmangel und würde jedem, der irgendwelche Neurosen, Angsterkrankungen oder Depressionen oder auch bereits eine Insulinresistenz hat, empfehlen, seinen Zinkstatus überprüfen zu lassen.

Es gibt, wie eingangs schon mal erwähnt, so viele Symptome und auch Krankheiten, die sich durch eine gezielte Vitalstoffgabe sicherlich positiv beeinflussen lassen.

Aber wie gesagt, ich empfehle, sowohl bei der richtigen Diagnostik, als auch bei der Therapie, einen erfahrenen Arzt oder Heilpraktiker zurate zu ziehen.

Vorbildlich unser Ernährungsplan, was? Jaaa, da bin ich schon stolz drauf.

Aber da wir ja nicht (mehr) perfekt sein wollen, kommt dann am Wochenende der Hammer. Ab Samstag früh ist so ziemlich Schluss mit gesund. Dann gibt es (Weißmehl-)Brötchen mit Marmelade, ein wenig Fleisch (was es bei uns die Woche über gar nicht gibt außer leider im Schulessen) und Süßigkeiten, also auch mal ein paar Gummibärchen zwischendurch, Pudding zum

Nachtisch und Eierkuchen Sonntagnachmittag zum Film.

Also Zucker, Nahrungsmittelzusätze und Transfette en masse.

Irgendein weiser Mensch hat mal irgendwann irgendwo auf die Ernährung bezogen gesagt: "Wer als gesunder Mensch 70 Prozent richtig macht, kann die restlichen 30 Prozent falsch machen."

Das finde ich gut. Die Wochenenden sind unsere 30 % (was ich allerdings nicht auf die mathematische Richtigkeit geprüft habe;-)). Und darauf freuen wir uns, ehrlich gesagt, schon die ganze Woche;-)-

Ich merkte trotz der wochenendlichen Eskapaden nach einigen Wochen einen Unterschied.

Klar, nicht so deutlich wie bei der Wundersuppe, was mich doch am Anfang etwas zweifeln ließ, ob ich das wohl durchhalten würde, jedoch kam mir zugute, dass ich im Winter damit begonnen hatte, was das Ganze nicht sooo eilig machte.

Aber es freute mich dann schon, dass nach ein paar Wochen die Hosen irgendwie wieder besser zu passen schienen. Und jetzt? Ich faste immer noch. Wie gesagt, das mit dem Abnehmen geht nun auch nicht von heute auf morgen. Aber ich bin fast schon wieder bei dem

Gewicht, das ich vor der zweiten Schwangerschaft hatte.
Nur sehe ich nackig leider immer noch nicht so aus wie vor den Kindern.
Das mag zum einen damit mit zusammen hängen, dass hier mal knappe acht Jahre dazwischen liegen und der Zahn der Zeit auch vor *meinem* Bindegewebe nicht Halt macht und zum anderen auch daran, dass es mit der sportlichen Disziplin durchaus noch hapert.
Ich gebe zu, dass ich hier sehr schlampig bin, obwohl ich weiß, wie wichtig Bewegung auch für die Gesundheit ist.
Ich habe mal gehört, dass man sich mindestens vier Stunden am Tag bewegen sollte.
So, wie die Menschen das früher noch gemacht haben. Mein ehemaliger Sportlehrer hat mir einst erzählt, dass er täglich 4 km laufen musste, um von dem Dorf, in dem seine Familie lebte, in die nächste Stadt zur Schule zu gelangen. Wie gesagt, *jeden* Tag außer Sonntag. Hin und zurück. Und nicht mit den guten, stützenden Elefantenschühchen, sondern oft in den ausgelatschten Tretern, die zuvor schon mindestens zwei Brüder und *davor* noch genauso viele Cousins getragen hatten. Manchmal auch barfuß.

Und solche Geschichten kennt man von Astrid Lindgren übrigens auch.
Ich glaube mich zu erinnern, dass Lasse, Bosse & Co. auch immer einen sehr weiten Schulweg zurücklegen mussten. Bei jedem Wetter. Und hat es den Bullerbü-Kids geschadet? Nein, sie empfanden den Schulweg eher als ein Abenteuer denn als Last. Und sie haben sich bewegt. So, wie es eigentlich in unserer Natur liegt. Jedes Kind, das gesund ist, möchte sich bewegen. Muss sich bewegen. Und das am besten den ganzen Tag lang. Aber wir (nein, ich) schweife(n) ab ...
Jedenfalls *weiß* ich durchaus, wie wichtig ausreichende Bewegung ist.
Aber ... es geht halt irgendwie auch ohne, stimmt`s?
Und bis auf die Stimmung, die unter regelmäßigem Sporteln definitiv besser wird und der Blick in den Spiegel, der bei einem untrainierten, nackten Körper in den Dreißigern nach zwei Schwangerschaften ja nun weiß Gott keine Wohltat fürs Auge ist, macht sich ein Bewegungsmangel doch auch kaum bemerkbar, oder?
Mit der Zeit jedoch wurde mein schlechtes Gewissen so stark, dass es dem selbstsicher auf der Couch lümmelnden Schweinehund mal so richtig eine reinhaute und mich dazu brachte, mich in mein verstaubtes Sportout-

fit zu pressen und endlich auf den Hometrainer zu steigen.

Diesen hatte ich zuvor ächzend aus dem Keller gehievt, in welchem er jahrelang ohne die geringste Beachtung vor sich hin rostete. Aber er funktionierte noch! Hach, was hatte ich auf dem Ding an Kilometern runtergeradelt. Es müssen mindestens so an die 50 sein. In 10 Jahren ungefähr.

Wobei es immer wieder Phasen gab, in denen ich jeden Tag eine halbe Stunde strampelte und das über ... sagen wir zwei, drei Wochen.

Und dann verließ mich aber immer wieder die Motivation. Zuerst diente er dann noch als Kleiderständer in dem Glauben, dass ich mich bestimmt morgen wieder in die Pedale schwingen würde.

Und irgendwann gab ich es dann gänzlich auf, mir selber etwas vorzumachen und mein armer Mann musste das Ding dann jedes Mal wieder hinunter in den Keller schleppen.

Immer begleitet von der Aussage, dass *er* dieses Fahrrad zum letzten Mal irgendwo hin geschleppt hätte. Deshalb war es also jedes Mal an mir, es wieder hochzuholen. Ich fragte auch gar nicht erst.

Aaaaber ... nun sollte ja alles anders werden.

Und ich war wirklich motiviert. Schon meiner Gesundheit zuliebe.

Obwohl ich noch nie ein sportlicher Mensch gewesen bin.

Ich ging immer den Weg des geringsten Widerstandes.

Warum ist das so? Warum sind manche Menschen einfach disziplinierter als andere. Warum haben manche so einen Spaß daran, mit zig anderen in einem Studio, möglichst noch an verglasten Außenwänden, so dass auch wirklich jeder, der möchte, ihnen dabei zusehen kann, auf einem Fahrrad zu sitzen und stundenlang vor sich hin zu radeln (oder nee, heißt da ja "spinnen", haha)?

Ich setzte mich zu Hause (!) mit der Motivation auf den Sattel, dass dreißig Minuten ja ganz schnell um sind.

Na los, Augen zu und durch, einfacher wird`s nicht.

Und das anfangs jeden zweiten Tag. Immer abends, wenn die Kinder schliefen und bevor ich mich dann wohlverdient duschte und auf der Couch platzierte.

Und dann, irgendwann so nach zwei Wochen fing ich an, mich nach meinem Fahrrad zu sehnen. Weil ich merkte, dass es mir wirklich guttat.

Klar gehörte da immer ein bisschen Selbstdisziplin und Überwindung dazu, aber das ist in Anbetracht dessen, was Bewegung bewirken kann, irgendwann ein Leichtes.

Und ja, man darf nie länger als ne Woche pausieren, dann ist die Motivation irgendwie weg. Bei mir zumindest. Ich muss dranbleiben, sonst mutiert mein Sportsfreund ganz schnell wieder zum Kleiderständer.

Aber ich blieb dran. Ich fühlte mich stärker, ein wenig straffer und ... ich kann es gar nicht richtig beschreiben, es ist das wohlige Gefühl, etwas Gutes für sich getan zu haben.

Und ich wurde wacher, irgendwie lebendiger und bekam peu á peu auch bessere Laune.

Ob das jetzt vom Fahrradfahren oder von der Ernährungsumstellung oder von den zusätzlichen Vitaminen kam, die ich einnahm, kann ich nicht genau sagen. Vielleicht ist es auch alles zusammen. Ich schenkte meinem Körper einfach wieder die Beachtung, die er verdient.

Und ich tue wieder das, was in unserer Natur liegt. Unbehandelte Lebensmittel essen und das aber auch nicht rund um die Uhr. Auf Nährstoffdichte achten, keine leeren Kalorien (zumindest meist;-)) und Bewegung (aber nicht übertreiben;-)).

Und es geht tatsächlich bergauf.

In kleinen Schritten.

Mein "Phönix-aus-der-Asche-Projekt" wird seinem Namen also nicht ganz gerecht.
Ich bin nicht plötzlich erwacht und sehe nun zehn Jahre jünger aus.
Aber ich fühle mich stärker, belastbarer und manchmal brauche ich schon keinen Mittagsschlaf mehr, um über den Tag zu kommen. Wird wieder.
Fast unmerklich, so, wie mich meine Kräfte allmählich verlassen haben, so langsam kehren sie nun auch zurück.
Aber das ist okay. Ich habe nun endlich wieder das Gefühl, auf dem richtigen Weg zu sein.
Das allein ist wirklich Gold wert.
Und als Schlusssatz verwende ich nun ein Zitat der großartigen und für immer wunderschönen und strahlenden Elle Macpherson, die zurecht als "The Body" bekannt wurde. In ihrem gleichnamigen (uralten) Fitnessvideo, dass ich übrigens seit gut 15 Jahren liebe, nicht zuletzt aufgrund der tollen Kulissen, sagt sie: "... Feeling great on the inside is where the real beauty starts."
Na, wenn das mal keine Aussage ist! Also anfangen, sich selbst und das Leben zu lieben.
Na ja, wie immer halt.

Kapitel 17

Chill mal Mama

oder

wie ich die Erziehung entstresst habe

17

Chill mal Mama

oder

wie ich die Erziehung entstresst habe

Früher war die Erziehung meiner Kinder für mich ja eine Art Lebensaufgabe. Ich gab bekanntlich alles dafür, sie bestmöglich zu fördern und zu fordern, ihnen ein Höchstmaß an Selbstbestimmung, Lob, Geduld und Verständnis zukommen zu lassen sowie sie in ihrer freiheitlichen, unbeschwerten Lebensgestaltung optimal zu unterstützen.

Meine Kinder sollten selbstbewusst und gleichzeitig höflich, freundlich und nicht zuuuu extrovertiert sein. Aber auch nicht schüchtern.

Ihre Kinderzeit sollte aufregend und spaßig werden, eine Erinnerung an stetiges Lachen und Toben und Fröhlichkeit.

Ihr wisst ja, Bauernhof und Tierbabys und Heuschober und Badesee. Das ganze Klischeezeugs eben.

Wie ihr ebenfalls aus früheren Kapiteln wisst, war ich ein großer Anhänger der demokratischen Erziehung und betrachtete meine Kinder, zumindest anfänglich, als gleichberechtigt. Jede kleinste Kleinigkeit wurde gemeinsam entschieden, zum Wohle aller.

Heute weiß ich, dass die Macht, alles mitentscheiden zu dürfen für meine Kinder eher eine Bürde war.

Und als meine Tochter dann größer wurde und ebenfalls mitentscheiden wollte, merkte ich mehr und mehr, dass diese Gleichberechtigung auch mir alle Kraft und Nerven geraubt hatte.

Den ganzen Tag über erklärte ich nun *zwei* Kindern, warum die Dinge so waren, wie sie halt nun mal waren, und erfragte bei zwei Kindern ihre Essenswünsche. Genauso wie bei der Kleiderwahl. Magst du dieses Kleidchen oder das? Hose! Nein, für eine lange Hose ist es heute zu warm, außerdem hat Mami doch diese süßen Kleidchen gekauft, also welches? Hose! Und das Ganze jeweils zweimal, nur, dass mein Sohn nicht die Kleidchenfrage gestellt bekam. Ihr könnt sicher nachvollziehen, was ich meine...

Und die Entscheidung fürs Mittagessen zog sich nun nochmal doppelt so lange hin, weil sich die beiden manchmal überhaupt nicht einigen konnten.

Und deshalb endete dieses ganze Demokratiegetue irgendwann in einer Monarchie, weil es einfach gar nicht anders ging.
Ich sagte immer mehr an, was wie getan werden sollte, war deshalb psychisch fix und fertig und hatte ein total schlechtes Gewissen, merkte aber, dass unser Alltag viel leichter wurde.
Zumindest für mich.
Die Kinder hatten nun also die Aufgabe, Folgsamkeit zu erlernen. Von jetzt auf gleich sozusagen. Und das war weiß Gott hart für sie.
Na ja, es passierte ja nicht über Nacht, aber eben stetig immer mehr. Ich übernahm die Macht in unserem Haushalt. Ich sagte, wo es langging, wer welche Sachen anzuziehen hatte und was es zum Mittag geben würde. Ich regierte mit harter Hand, weil ich für etwas anderes schier keine Ressourcen übrig hatte. Alles musste funktionieren. Ohne Ausnahme.
Meine Kinder waren ja nun auch durch meinen Burnout ein ziemliches Lotterleben gewohnt, wo es ganz viel Fernsehen und Süßigkeiten und so gab.
So ließ ich sie also einerseits total in Ruhe und kümmerte mich so ziemlich gar nicht um sie und sorgte andererseits diktatorisch dafür, dass sie parierten. Keine Ge-

renne, kein Geschreie aber auch keine kindliche Unbeschwertheit und Selbstbestimmung mehr.

Oh mein Gott!!

Schaut euch diese beiden Extreme doch mal an.

Zuerst ein Erziehungsstil, der aus Kindern egozentrische, besserwisserische A... macht, die denken, sie wären der Nabel der Welt und dann plötzlich das, was man gemeinhin als am Rande der Gesellschaft aufwachsende Kinder bezeichnen würde.

Ich wusste, dass ich nunmehr, als ich wieder einigermaßen klar denken konnte, weder das eine noch das andere für uns wollte. Aber wie ändern? Kein Erziehungsratgeber, den ich kenne, hat den goldenen Mittelweg parat. Oder vielmehr nicht, wie sich dies praxistauglich umsetzen ließe.

Ich wusste, dass ich Regeln aufstellen und für deren Einhaltung kämpfen musste.

Andererseits wollte ich auch keine fremdbestimmten Jasager großziehen, die nur das tun, was man ihnen aufträgt, auch, wenn sie sich dafür selbst verleugnen müssen.

Ich muss euch sagen, dass es einer der schwierigsten Punkte auf meiner neuen Agenda war, für den es auch wieder einen guten Kompromiss geben musste. Ich

haderte und überlegte, probierte und verwarf, bis ich zu dem Schluss gelangte, dass ich verlangte, dass die Kinder mir gehorchten, wenn ich etwas sagte, dass ich aber im Gegenzug dazu nicht mehr alles kontrollieren wollte und nahm mir vor, ihnen etwas mehr Freiraum und Eigenverantwortung zu gewähren.
Klingt doch erstmal super in der Theorie, nicht wahr?
Ich bin nach wie vor in gewissen Dingen die Bestimmerin, ohne Wenn und Aber. Und andererseits mische ich mich kaum noch in Dinge wie die Kleiderfragen ein.
Ohne schlechtes Gewissen.
Lass das Kind die lange Hose anziehen bei 35 Grad im Schatten. Stirbt es ja auch nicht gleich von.

Jetzt galt es nur noch aufzuteilen, wann ich hart und wann lässig war.
Und, ganz ehrlich, da stoße ich auch heute noch an meine Grenzen.
Immer und immer wieder gibt es neue Situationen, in denen ich mich fragen muss, ob das jetzt etwas ist, wo ich Gehorsam erwarte oder etwas, wo ich sie allein entscheiden lasse. Ich habe mir hierfür im Laufe der Zeit eine grobe Struktur zurechtgelegt, die mir durch eine Kategorisierung die Entscheidung ziemlich erleichtert.

Dazu stelle ich mir folgende Fragen: Schadet es dem Kind? Wenn ja, klares Verbot.

Schadet es *meinem* Wohl oder verletzt meine Grenzen? Wenn ja, ebenfalls definitiv verboten. Verletzt es die Würde oder die Unversehrtheit eines anderen Individuums (egal ob Mensch, Tier, Pflanze)? Ebenfalls ein unverhandelbares Na-hein!

Was diese Kategorien nicht erfüllt, ist erlaubt. Grundsätzlich jedenfalls. Ein Veto behalte ich mir dennoch vor.

Ein Beispiel gefällig?

Okay. Neulich, es war irgendein Tag Ende März, wollte mein Sohn draußen die Sandkastensaison einweihen und kam dann irgendwann, wie es eigentlich immer so ist, darauf, unter Zuhilfenahme des Gartenschlauchs daraus eine Matschepampensession zu veranstalten. Ich kam zufällig dazu und so musste er mich fragen (sonst hätte er es selbst und natürlich zu seinen Gunsten entschieden;-)), ob er denn das Wasser andrehen dürfe. Und ich wog ab. Einerseits war es erst Ende März und definitiv noch keine Wasserspielzeit. Macht man nicht, das Kind könnte sich total verkühlen.

Dieses "macht man eben nicht" versuche ich stets bei meinen Fragen zu entlarven und auf seine Richtigkeit hin zu überprüfen.
Wir alle haben noch ganz schön viele "macht-man-nichts" zu überholen, die uns das Leben unnötig schwer machen.
Warum macht man soviel nicht? Meist, wenn man sich traut, auch sich selbst mal diese Frage zu stellen, bekommt man nur eine fadenscheinige Antwort, die der Realität nicht standhält.

Um bei unserem Wasserschlauchbeispiel zu bleiben: War es wirklich zu kühl? Nein, es war ein ungewöhnlich warmer März dieses Jahr und das Thermometer zeigte an jenem Tag schon gut 15 Grad. Vertretbar für ein bisschen Matschepampe, entschied ich und ließ ihn machen. Er hat das übrigens gesundheitlich bestens überstanden ;-).
Oder die andere Variante:
Letzte Woche waren wir das erste Mal mit Freunden am Strand. Unsere insgesamt vier Kinder sind, bis auf die Tochter meiner Bekannten, die schon 11 Jahre alt und relativ ruhig ist, sind, gelinde gesagt, richtige Wirbelwinde (die nervige Sorte). Sie müssen rennen, toben,

sich stänkern und dabei schreien oder sonst irgendwelche lauten Geräusche machen. Da es Frühjahr und somit noch keine offizielle Badezeit war, befanden wir uns lediglich in Gesellschaft einiger Urlauberfamilien (deren Kinder weitaus ruhiger zu sein schienen) und einiger älterer Herrschaften, die die ersten kräftigen Sonnenstrahlen genossen.

Unsere Kinder genossen auch. Vor allem, sich gegenseitig immer mehr mit Wasser zu bespritzen. Je nasser und nackter sie wurden, desto ausgelassener schienen sie auch zu sein. Sie schrien und kreischten, was das Zeug hielt, so dass man sie sicherlich noch ein Dorf weiter hatte hören können. Für mich war das in Ordnung, für meine Bekannte auch, klar, wir waren das ja schließlich gewohnt. Nur für alle anderen, die diesen wunderschönen Tag am See genießen wollten, war es sicher sehr anstrengend.

Anfangs war ich ja noch der Überzeugung, dass sie das nun mal aushalten mussten, schließlich wäre der Strand ja für alle da, Kinder sind eben laut.

Das übliche Muttigerede.

Aber mit der Zeit taten sie mir irgendwie leid und ich änderte meine Sichtweise.

Warum muss man heutzutage immer und überall Rücksicht auf lärmende Kinder nehmen und dazu noch gute Miene zum bösen Spiel machen, weil Kinder schließlich unser ganzes Glück sind und wir uns freuen dürfen, dass sie uns mit ihrer unbeschwerten Glückseligkeit beehren?

Nein, Kinderlärm ist irgendwann einfach belästigend, da brauchen wir uns doch nichts vorzumachen.

Und somit entschied ich, unsere nervenden Schätze ein wenig in ihre Schranken zu weisen. Sozusagen zum Wohle aller.

Hier muss ich mich selbst oft noch extra hinterfragen, weil ich die Eskapaden meiner Kinder früher auch manchmal deshalb unterbrochen habe, um mir in mancher Gesellschaft die Anerkennung der anderen zu sichern.

Aber in diesem Falle tat ich es tatsächlich, weil ich die körperliche Unversehrtheit der Menschen an diesem Strand in Gefahr sah. Wenn auch nur in geringem Ausmaße.

Mal davon abgesehen, ging mir das Geschreie mittlerweile selbst ziemlich auf den Zeiger.

Leider wollten unsere Kinder ihr liebliches Spiel nicht zugunsten derer, die ja mal gar keinen Spaß zu verstehen schienen, unterbrechen und somit fand die ganze Szenerie ein jähes Ende als wir Mütter beschlossen, dass es plötzlich wohl Zeit wäre, nach Hause zu fahren und vorerst keine gemeinsamen Badenachmittage mehr zu veranstalten.

Und so gibt es immer wieder zuhauf Gegebenheiten, in denen ich mich zwischen Ja und Nein entscheiden muss. Kennt ihr ja.

Aber mit dieser Struktur ist es sehr viel leichter und viiiiel entspannter geworden, wirklich.

Klar am Anfang dauert es, genau abzuwägen, was man tun soll, aber mittlerweile klappt es ganz schnell.

Ich frage mich nur noch: Schadet es irgendwem? Und entsprechend handle ich.

Man hat es irgendwann so irgendwie im Gefühl sozusagen. Klingt komisch, ist aber so.

Mir erleichtert es jedenfalls total den Alltag und auch für unsere Kinder ist es nachvollziehbar und gerecht. Ich habe nicht mehr das Gefühl, als würde ich irgendwie willkürlich und nach Tagesform, Hormonlage und Laune entscheiden.

Ich habe endlich kein schlechtes Gewissen mehr. Die Kids kommen damit eigentlich ganz gut klar.

Aber grundsätzlich gewöhne ich mir so langsam an, in einer Streitsituation öfters einfach nachzugeben.

Kann man machen, werdet ihr vielleicht denken, *wenn man seinen Nachwuchs zum Tyrannen erziehen will, zum verwöhnten Rotzkind.*

Und klar, davor habe ich schon auch mächtig Schiss.

Aber im Grunde genommen können wir es eh nur versauen. Sind wir zu streng, ist es falsch und sind wir zu nachgiebig, ist es auch Mist.

Ich frage mich in so Streitsituationen immer öfter, was mein Bauchgefühl mir rät.

Und (leider?) ist es immer das gleiche: Nimm sie einfach in den Arm!

Und wenn ich das tue, geht es allen Beteiligten sofort besser. Wenn ich Machtkämpfe ausfechte, heule ich auch irgendwann, weil ich das Gefühl habe, zu versagen.

Vielleicht werden meine Kinder tatsächlich zu verwöhnten Tyrannen, weil ich sie zu oft in den Arm genommen habe und doch hin und wieder inkonsequent war, aber das ist später. Und auch nicht genau raus.

Momentan fahre ich besser damit. Es tut unserem Seelenleben gut. Also was soll`s ...

Aber wie gesagt, *bestimmte* Regeln und Grenzen müssen unbedingt sein. Ohne nachgeben.
Was jedoch nicht bedeutet, dass sie sich an das *halten,* was ich ihnen vorschreibe.
In den meisten Fällen hören meine Kinder nicht.
Haben sie noch nie, außer in den Zeiten, wo ich sie vor lauter Schwäche und Frustration nur noch angeschrien habe.
Aber so sollte es ja nicht weitergehen. Schon meinen Stimmbändern zuliebe. Obwohl ich Schreien durchaus als einen Lösungsweg erachte. Vielleicht auch nur bei Eltern wie wir es sind, die vorher jeglichen Disziplinar-Maßnahmen aus dem Weg gegangen sind und sich das somit selbst versaut haben. Aber dies sei mal dahingestellt.
Ich jedenfalls *musste* schreien. Ja, ich sehe das wirklich so.
Ich hätte sie sonst wahrscheinlich gehauen.
Ich war so wütend auf alles zu jener Zeit, auf meine Kinder, auf meine eigene Unzulänglichkeit wohl am

meisten und darauf, dass ich mich ganz alleine fühlte, dass es alle anderen besser hinbekamen als ich.

Das Schreien war mein Ventil. Es hat mir geholfen, Stress abzubauen. Und Frust und Wut eben.

Ich habe geschrien und Türen geschmissen. Aber sonst Gott sei Dank nix.

Dafür mit absoluter Regelmäßigkeit. Jeden Tag.

Aber es war eine Notlösung. Als nichts anderes für mich mehr ging. Vorher hatte ich immer nur geredet und erklärt. Und geredet. Und "bitte" gesagt. Fast jeder meiner damaligen Sätze begann irgendwie so: "Kannst du bitte...", oder "Lass bitte..." oder " Würdest du bitte...".

Das sollte auch anders werden.

Ich wollte nicht mehr bitte, bitte sagen.

Und nicht mehr reden und reden.

Aber auch nicht mehr schreien.

Ja, da war guter Rat mal wieder teuer. Und ehrlich gesagt, ist mir zu diesem Problem auch bisher noch keine wirklich perfekte Lösung eingefallen.

Nur eine, die bei uns funktioniert, also eigentlich doch eine gute und ganz althergebrachte. Wenn auch verpönt. Ich drohe einfach mit Verboten.

Und, ganz wichtig, ich überlege mir (meist) vorher, welche Verbote ich auch (meist) konsequent durchdrücken kann. Früher ist es mir oft passiert, dass ich durchaus nicht selten mal eine ganze Woche Fernsehverbot verhängt habe und dann gleich am zweiten Tag eingeknickt bin. Das machte natürlich nur wenig Sinn.

Je nach Schwere des Vergehens wie Schwester/Bruder hauen/kratzen/schubsen (da nehmen sich beide nicht viel) oder auch die Nichteinhaltung wirklich klarer Regeln oder Verbote (nach obiger Kategorisierung ermittelte) wird eine- ich sag jetzt einfach mal dieses ungeliebte Wort - Strafe dann entsprechend durchgesetzt.

Kurz und knackig. Nicht über Wochen und so. Das muss man nun ein paar Male machen, auch dann, wenn es einem wirklich schwerfällt, und irgendwann reicht tatsächlich auch meist schon die Androhung.

Und es muss etwas sein, das den Kindern wirklich wichtig ist. Fußballtraining, Pool, Eis, etc.

Was bei uns *immer* wunderbar zieht, ist ein Fernsehverbot.

Meine Kids liiiieben Fernsehen.

Klar, das ist meist streng reglementiert. Eine halbe Stunde ungefähr (je nach Sendungslänge) dürfen meine beiden unter der Woche pro Tag fernsehen und dafür

nehme ich ihnen immer ihre Lieblingssendungen auf. Mein Sohn liebt Hicks und die Drachenreiter und die Kleine mag total gerne Bugs Bunny.
Feuerwehrmann Sam geht bei beiden. Obwohl mein Sohn das nur noch inoffiziell schaut, denn eigentlich ist er schon zu groß dafür ... sagt er.
Aber das hält ihn nicht davon ab, trotzdem immer ganz gespannt auf den Bildschirm zu starren, wenn Sam mal wieder mit klugen Ideen und beherztem Einsatz den Ort vor dem Untergang bewahrt.
Ist ja auch toll, sogar ich habe mich schon dabei erwischt, wie ich mich heimlich nach Pontypandy träumte. Dort gibt es keine Kinderschänder oder sonst irgendwelche komischen Typen, nur wahre Helden, Berge und Meer an einem Ort und dazu die Gewissheit, dass dort mit Norman Price ein Junge lebt, der beruhigenderweise immer noch ein bisschen frecher zu sein scheint, als der eigene Nachwuchs.
Was ich jedoch nicht erlaube ist ganz offensichtliche Kinderverdummung wie "Kikaninchen". Das hasse ich wirklich. Ich schäme mich immer richtig fremd, wenn ich den leicht übergewichtigen Herrn, schätzungsweise Mitte 40, in seinem roten Shirt so gewollt leicht und beschwingt und mit total augenscheinlich aufgesetzt

neugierigem Blick durch die Schnipsel-Fantasiewelt springen sehe, wo er mit dem blauen Hasen allerlei spannende Abenteuer erlebt und dabei so tut, als wäre er jederzeit määächtig gut gelaunt und sähe all das bunte Papiergemetzel noch dazu zum ersten Mal. Ganz abgesehen von der "Dibbedibbedapp"-Nasenkuss-Szene immer am Ende.

Nichts für ungut, der arme Mann kann ja nix dafür, es geht um das Format an sich.

Absolut unauthentisch, unwirklich und eine Beleidigung für den Intellekt eines Kindes, das das zweite Lebensjahr vollendet hat. Und vorher sitzen die doch sowieso nicht vor der Glotze, oder? Könnte man also ohne Bedenken aus dem Programmplan streichen. Meiner Meinung nach zumindest.

Dann doch lieber Biene Maja oder die guten alten Tom & Jerry!

Jedenfalls sagte ich ja schon, dass ich meinen Kindern gleichzeitig auch mehr Eigenverantwortung geben wollte, so dass sie selbst entscheiden konnten, wie die Dinge, die definitiv erledigt werden mussten denn genau erledigt werden würden.

So hatten wir zum Beispiel immer gewaltige Probleme, die Zeit vom morgendlichen Aufstehen bis zum "Wir-sitzen-angeschnallt-und abfahrbereit-im-Auto" so zu gestalten, dass keins der Kinder heulte oder ich wutentbrannt die ganze Nachbarschaft zusammenschrie.
Bis noch vor ein paar Monaten war mir das seltenst gelungen. Und jeden Tag nahm ich mir aufs Neue vor, dass sich dringend etwas ändern musste (mein Gott, wie oft ich diesen Satz nun schon geschrieben habe;-)). Aber alle Versuche, es glimpflicher ablaufen zu lassen, scheiterten an der beharrlichen Unerschütterlichkeit meiner Kinder, mit der sie beharrlich jegliches "Los jetzt, wir müssen uns heute wirklich mal beeilen" ignorierten und stattdessen gemütlich gefühlte 20 Minuten auf dem Klo saßen und sich dabei ein lustiges Taschenbuch zu Gemüte führten, während ich dann versuchen musste, innerhalb der letzten verbleibenden halben Stunde sicherzustellen, dass beide Kinder der Jahreszeit einigermaßen entsprechend angezogen waren, ihre Zähne geputzt, vorher gefrühstückt hatten und so weiter.
Ach ja, und in der halben Stunde war dann schon die Fahrzeit von 15 Minuten inbegriffen. Und ihr alle wisst,

was passiert, wenn man anfängt, Kinder zu sehr zu drängen...

Ein Desaster, jeden verdammten Morgen.

Und kein Licht am Ende des Tunnels zu sehen. Das einzige, was half, war, wenn ich die ganze Zeit hinter ihnen stand und sie antrieb oder besser, ihnen die Zähne putzte, sie anzog und sie möglichst beinahe fütterte. Alle beide. Gleichzeitig. So konnten sie dann auch nicht permanent streiten und herumalbern und vergessen, dass man nach dem Zähneputzen und Augenauswaschen gleich Anziehen geht, statt erst noch ein Schubkarrenrennen durch die gesamte Wohnung zu veranstalten. Aber das war unmöglich zu schaffen als alleiniger Erwachsener mit zwei Wildlingen.

Ich hasste es.

Und dann hatte ich glücklicherweise irgendwann eine Eingebung.

Ich weiß, dass To-do-Listen für Erwachsene sehr befriedigend sein können. Ich selbst liebe es, mir all meine Tagesaufgaben auf einen richtigen Zettel zu schreiben und dann nach und nach abzuarbeiten.

Wobei das genialste Gefühl das des Abstreichens ist. Kennt ihr das?

Jedenfalls dachte ich, dass das doch auch für meinen Sohn funktionieren könnte (die Kleine lief erstaunlich gut morgens wenn sie nicht von ihrem Bruder abgelenkt wurde) und entwarf so eine Art morgendliche Aufgabenliste, die meinem Sohn jeden Morgen daran erinnern sollte, was er bis zum Losfahren zu erledigen hatte.

Unsere sieht in etwa so aus (ich habs übrigens nicht so mit Formatierung wie ihr sehen könnt):

	Mo	Di	Mi	Do	Fr
Frühstück					
Zähneputzen					
Augen auswaschen					
Anziehen					
Brotdose &Trinken einpacken					
Mappe kontrollieren					
Haare kämmen					
Schuhe & Jacke an					

In die freien Kästchen kann sich mein Junge dann nach erledigter Aufgabe ein Kreuzchen machen. Dann stelle ich eine digitale Eieruhr so auf 30 Minuten (immer noch so zehn Minuten Puffer eingerechnet) und die piept unüberhörbar, wenn die Zeit abgelaufen ist.

Wenn er alles in time die ganze Woche geschafft hat, gibt es eine Belohnung (Dinozeitung, Extrastunde Fernsehen, einen schönen Ausflug o.ä.).

Und ihr werdet es nicht glauben ... er ist fast immer vor Ablauf der Zeit fertig.

Und pocht dabei gar nicht so sehr auf die Belohnung.

Das Abstreichen oder das Sich-Selbst-Übertreffen hat ihn total motiviert.

Und das ohne Streit und Gebocke. Funktioniert, wie gesagt, in der Form nur, wenn die Kinder schon einigermaßen lesen können, aber auch so ab vier Jahren kann man sicherlich schonmal einen Versuch wagen, indem man dann Bilder statt Worten einsetzt. Man könnte ja das Kind beim Zähneputzen, etc. fotografieren und es dann einkleben? Ich werde das sicher bald auch mal mit meiner Tochter ausprobieren. Momentan geht es noch so, da ich mich ja nunmehr fast ausschließlich um sie kümmern kann ... .

Und wir haben nun wirklich wieder einen "guten Morgen".
Ansonsten liebe ich es, (laut!!) bis drei zu zählen.
Ich weiß, ist so ziemlich die älteste Gängelmethode der Welt, hilft aber bei uns immernoch wunderbar.
Klar, ich muss das schon etwas ausreizen, so zähle ich zum Beispiel immer ab "Zwei" in Viertelschritten , also " Zweieinviertel, Zweieinhalb, Zweieindreiviertel" und dann nochmal"Zweieindreiviertel-eins, Zweieindreiviertel-zwei" und bis dahin ist aber meist alles in Sack und Tüten.
Erst bewegen sie sich gar nicht. Aber weil doch die Angst, was bei "Drei" passieren könnte, zu überwiegen scheint, geht es dann spätestens ab "Zweieindreiviertel-eins" ganz schnell. Mein Sohn wird in einem halben Jahr acht Jahre alt und er schluckt es immer noch.
Aber ich will es nicht beschreien.
Tja, und so zähle ich mich durch die Tage, wäge Verbote und Regeln ab und überlege immer wieder aufs Neue, wie ich die Regeln ohne viel Aufwand durchsetzen kann. Wenn sie anfangen, eine Regel, die ich nach reiflicher Überlegung aufgestellt habe, diskutieren zu wollen, mache ich sofort unmissverständlich klar, dass letztlich *ich* die Entscheidungen treffe. Und so klappt es

immer besser. Wir bemühen uns, aufeinander einzugehen, aber nicht zu sehr.

Alle können sagen, wo sie gern hin möchten. Aber nur einer bestimmt letztendlich und unter Abwägung aller Interessen die Richtung und das bin ich, "die Beschreierin".

Ach ja, fast hätte ich einen ganz wichtigen Punkt vergessen: den berühmt-berüchtigten Geschwisterstreit ...

... und ich muss zugeben, ich habe keine Ahnung, wie man den vermeiden kann.

Es macht mich wahnsinnig, wenn sie, wie wahrscheinlich alle Geschwisterkinder dieser Welt, aus irgendeinem für mich profanen Grund in Streitigkeiten geraten, sich anschreien (wo sie das wohl herhaben;-)), körperlich werden und immer mindestens einer heult. Und immer wieder muss man fragen, was denn los war, abwägen, wen nun die Schuld trifft, denjenigen sich entschuldigen lassen, bestrafen, und so weiter.

Mindestens dreimal täglich, je nach Intensität und Dauer des Beisammenseins.

Und ich habe keine Lösung. Ehrlich nicht. Nur, dass ich mich einfach immer seltener einmische. Eben auch ein bissel mehr Eigenverantwortung in diesem Zusammenhang.

Meine kleine Tochter kann sich gut selbst verteidigen und ist im Gegenteil oft die, die richtig austeilt, während der Große um des lieben Friedens willen auch einstecken kann. So lasse ich die beiden einfach machen, sie beruhigen sich erstaunlich schnell von selbst und spielen plötzlich wieder friedlich als wäre nichts gewesen. So muss man auch nicht die Schuldfrage stellen, die allzu oft (bei mir zumindest) doch irgendwie ungerecht entschieden wurde. Und das nagt dann ja auch am Selbstbewusstsein des zu Unrecht beschuldigten Kindes.

Das Schlimmste am Mehrfachmutti-Sein ist für mich tatsächlich die beständige Gratwanderung, es für beide Kinder möglichst gerecht zu machen und beiden somit das Gefühl zu geben, dass sie gleichwertig sind und gleich doll geliebt werden. Auch, wenn der eine mal was darf, das der andere nicht bekommt. Heftig, oder?

Nun aber zurück zum Streit ...

Wenn man gar nichts macht, regeln sie es oft allein und keiner fühlt sich benachteiligt.

Dazu muss das Kräfteverhältnis natürlich ausgeglichen sein, aber ich habe auch früher schon festgestellt, dass

Kinder eigentlich ganz gut wissen, wie weit sie gehen können.

Ist wie bei Hunden, legt sich einer demütig auf den Rücken und zeigt Schwäche, ist das Kräftemessen vorbei.

Die Natur macht das schon. Außer vielleicht in sehr schweren Fällen.

Aber das hört man dann irgendwie schon an der Intonation des Geheules.

Dann gehe ich natürlich dazwischen und nehme meist beide (!) Kinder in den Arm, ohne die Schuldfrage zu stellen, denn es geht ja, wie gesagt, eh meist um Lappalien, die dann ziemlich schnell vergessen sind.

Ich finde sowieso, dass wir unsere Kinder grundsätzlich öfter mal streiten lassen sollten.

Ich gehe tatsächlich sogar soweit, dass ich denke, Kinder, die sich ab und zu mal balgen, sind ausgeglichener.

Damit meine ich natürlich weder alle auf einen noch groß gegen klein oder sonstige Feigheiten. Nein, mein Sohn hatte zum Beispiel letztens (wieder mal) einen Eintrag im Heft, dass er sich mit einem anderen Jungen aus seiner Klasse auf dem Flur "geschlagen" hätte. Mal davon abgesehen, dass "schlagen" für mich eine andere Bedeutung hat als das kindliche Ringen, was die da halt machen, so empfinde ich dies nicht als schlimm, geschweige denn eintragungswürdig, wenn es gleichberechtigt stattfindet und ausgeht.

Okay, für die Lehrer ist es schon anstrengend, wenn sie da immer intervenieren müssen, aber warum macht die Gesellschaft heutzutage da so ein Riesending draus?

Wenn mein Opa und auch mein Stiefpapa erzählen, dann war das zu ihrer Zeit an der Tagesordnung. So wurden Hierarchien festgelegt.

Heute wird all der Ärger und die Wut "wegdiskutiert".

Wir vergessen dabei jedoch, dass wir trotz all unserer Impulskontrolle, die wir Gott-Sei-Dank fast alle haben, auch immer noch einfach nur der Gattung Säugetier angehören.

Was machen denn kleine Füchse oder junge Wölfe, speziell eben die männlichen Jungen?

Sie balgen, ringen, kempeln und beißen sich gegenseitig.

Und das sind eben nicht einfach nur niedere Instinkte, das steckt in allen von uns.

Ohne Wertung.

Da muss eine Rangfolge festgelegt werden. Und dann ist es meist wie bei den Hunden so, wie ich es weiter oben beschrieben habe. Gibt einer den Anschein, dass er unterlegen ist, hört die Sache von allein auf.

Wir reden jetzt mal von psychisch einigermaßen gesunden Kindern natürlich.

Eine Erzieherin, die meinen Sohn betreute, seit ein paar Jahren aber schon in Rente ist, hat damals einmal die Woche im Turnraum der Kita einen Ringwettkampf veranstaltet. Die Mehrzahl der teilnehmenden Kinder waren Jungen und wurden altersgerecht und nach Wunsch in Zweierteams aufgeteilt und durften sich dann ganz offiziell duellieren. Es gab Turnmatten und Aufsicht, unter der Gürtellinie war verboten und man musste sich vor oder nach dem Kampf (das weiß ich leider nicht mehr so genau) voreinander verbeugen.

Die Idee fand ich total klasse. Und die Kids auch.

Wurde aber abgesetzt, weil das "Miteinander-Kämpfen" nicht ins moderne pädagogische Kitakonzept passte.

Stattdessen ziehen wir nun kleine Jungen groß, die ihre natürlichen Instinkte nicht leben dürfen weil immer überall ein Erwachsener dazwischen geht und es lieber mit erklären und reden versucht.

Wo das wohl noch hinführt oder schon hingeführt hat?

Staut sich der Ärger dann nicht nur auf bis mal keiner guckt?

Ist das nicht vielleicht auch einer der Gründe dafür, dass die Kids immer gewalttätiger und skrupelloser werden?
Ich rede, wie gesagt, von Kindern, die ein verantwortungsbewusstes, liebevolles Elternhaus haben, nicht von sozialen Randschichten.
All der Ärger, den sie nicht ausleben durften, sucht sich irgendwann doch einen Weg nach draussen. Dann aber wie ein Vulkanausbruch. Oder sie nehmen halt Drogen, um ihre Emotionen zu betäuben. Ist es das wert?
Ich konstatiere aber nochmal, dass ich Gewaltausübung und Mobbing absolut verabscheue und es sicher auch andere, tieferliegendere Gründe hat, warum solche Auffälligkeiten bei Jugendlichen zu finden sind.
Gegen einen fairen, gleichberechtigten "Kampf " sollte aber doch wirklich nicht ständig etwas einzuwenden sein, oder?
Haben Lasse und Bosse bestimmt auch hin und wieder gemacht. Diskutiert keiner drüber. Und zum Anti-Aggressionstraining mussten die deshalb sicher auch nicht.

Ich jedenfalls habe mein Gespür für die Wichtigkeit oder Unwichtigkeit meiner Anwesenheit als Streitschlichterin dahingehend seeehr geschult.
Ansonsten übe ich mich weiterhin in Gelassenheit und versuche immer öfter, einfach mal zu chillen. Kennt ihr diese Figur mit den kleinen Äffchen, wo einer die Hände vor die Augen hält, der Nächste hält sich die Ohren und der Dritte den Mund zu? Die will ich sein. In einer Person. Tiiiief durchatmen, kurz Prioritäten abwägen, auf Durchzug schalten, chillen und ... sitzenbleiben, während ich auf die von Gott gegebene Intuition meiner Kinder vertraue.

Kapitel 18

Unser ganz alltäglicher Alltag

18

Unser ganz alltäglicher Alltag

Wisst ihr noch, wie akkurat ich unseren Alltag vor meinem Zusammenbruch gestaltet hatte? Es war mir das Wichtigste, Superlative zu schaffen und vor allem ging es mir darum, jegliche Langeweile von vornherein durch bewusstes Vorausdenken und Planen auszuschließen.

Ich wollte alles im Griff haben, es sollte schließlich keine stinknormale Kindheit werden, an die meine Kinder sich später, so wie ich, nur schemenhaft würden erinnern können.

Ohhhh nein, der Alltag *dieser* Kinder sollte abwechslungsreich, fordernd und rundum spaßig werden.

Habt ihr auch diese Bilder im Kopf, wenn ihr an unbeschwerte Kindheit denkt?

Die, wo die blondgelockten Mädchen in weißen Leinenkleidern und mit einem selbst geflochtenen Kranz aus gepflückten Sommerblumen im wehenden Haar lachend über die Wiesen laufen? Und wo die Jungs mit ihren hochgekrempelten Hosen mit Hosenträgern durch den nahen, steinigen Bach staken und selbstgebaute Boote zu Wasser lassen? So ähnlich wollte ich das für meine Kinder auch. Nur, dass da heutzutage natürlich ein Erwachsener ins Bild eingebaut werden muss, der nicht zuletzt auf die Kinder aufpasst (gibt ja so viele Irre) und ihnen außerdem zeigt, wie man eigentlich einen Blumenkranz flechten und Boote zum Schwimmen bringen kann.

Nun, viel ist davon ja in der Zeit, die ich im Nachhinein ja tatsächlich als Burn-out bezeichnen würde, nicht übrig geblieben.

Angefangen hatte es also damit, dass ich gar keine Freude mehr an gemeinsamen Tätigkeiten mit meinen Kindern empfand.

Jeden Tag galt es nur, die drei Stunden bis zum Schlafengehen einigermaßen zu überstehen. Anfangs hielt ich noch ganz gut durch, wurde aber eben zusehends unkreativer und lustloser.

Zum Schluss ließ ich sie einfach in ihren Zimmern alleine spielen oder setzte sie, komplett konträr zu meiner Vorstellung von guter Kindererziehung, einfach mal für ne Stunde vor den Fernseher.

So hatte ich dann wenigstens meine Ruhe.

Als es mir dann wieder einigermaßen gut ging, wusste ich, dass ich auch diesen Punkt auf meine Agenda würde stellen müssen.

Mir war klar, dass ich keinen Bock mehr auf Dauerbespaßung hatte und dass ich andererseits aber auch am Leben meiner Kinder teilhaben und ja, auch gemeinsame Erinnerungen schaffen wollte.

Ein guter Kompromiss musste her.

Wie eigentlich immer.

Ich überlegte also, wie ich es sowohl meinen Kindern als auch mir recht machen könnte.

Erstaunlich war, dass genau in der Zeit, als es mir eigentlich total schlecht ging, meine Kinder irgendwie entspannter wurden.

Und ich fragte mich im Nachhinein, woran das wohl gelegen haben könnte, was mich irgendwann zu dem Schluss kommen ließ, dass auch sie alles gern etwas lässiger hatten.

Spontaner, weniger durchgeplant und festgelegt.

Und dass sie sehr wohl gerne jeden Tag in ihrer Matschküche spielen.

Ja, jeden Tag die gleichen Kuchen backen.

Sie brauchen diese gemachte Abwechslung gar nicht.

Eigentlich brauchten meine Kinder nur Sand und Wasser und nen Ball. Und Bäume, sonstige Naturmaterialien und hin und wieder andere Kinder. Außerdem Geschichten und Musik. Und manchmal Ruhe.
Ja, ich merkte, dass auch sie gern mal einfach abschalteten. So wie ich auch.
Das war schon mal ein guter Anfang.
Ich entschied also, meine Krakenmutterarme etwas von ihnen zu lösen und sie ganz viel spielen zu lassen.
Egal, ob dies nun in meinen Augen für ihre Entwicklung förderlich war oder nicht.
Das stellte sich zuerst als gar nicht so einfach dar, denn als es meine Kräfte wieder zuließen, hätte ich sie schon gern wieder mehr mit Dingen umgeben, die als pädagogisch wertvoll gelten.

Aber ich kriegte mich auch relativ schnell wieder ein und ließ sie einfach machen.
Und ich muss nun nicht mehr ihr Spiel bestimmen, ich gebe mir jedenfalls große Mühe, es nicht mehr zu tun.
Das können sie nämlich, man glaubt es kaum, auch selbst ganz gut.

Einer der Vorteile, wenn man mehr als ein Kind hat, ist, dass ihnen eigentlich immer irgendwas einfällt (wenn sie nicht grad streiten).

Und meine kleine Tochter kann, mag es nun an ihrer Persönlichkeit oder daran liegen, dass ich sie von Anfang an nicht so bespaßt habe, total gut allein spielen.

Sie ist dann so in ihrer Hasenfamilien-Welt, dass es eine Schande wäre, ihr meine Erwachsenen-Version von Hasen-Alltag aufzuzwingen.

Auch der Große kann, wenn auch erst seitdem er ungefähr fünf ist (also seitdem ich ihm in der Freizeitgestaltung gezwungenermaßen etwas mehr Freiraum zu geben anfing) total in seiner "Was-istWas"-Hörspielwelt versinken und dabei die tollsten Dinge basteln.

Aber natürlich wollen auch meine Kinder die Aufmerksamkeit der Eltern.

In der Woche übernehme ich diese Aufgabe ja allein.

Jeder möchte bestimmen, was wir spielen und früher kam es daraufhin ziemlich unweigerlich zu Streit und Frust und schlechter Laune.

Ich habe mir also überlegt, wie ich diese Schwierigkeiten aus dem Weg räumen könnte und bin auf eine für uns ganz gut funktionierende und noch dazu simple Lösung gestoßen.

Jedes meiner beiden Kinder ist an einem anderen Tag der Bestimmer und wir spielen, was der Bestimmer möchte. Ungefähr eine halbe Stunde lang, was zwar wenig klingt, es reicht aber wirklich aus. Für die Kids und für mich;-).

Anfangs hatte ich täglich für jedes Kind "seine halbe Stunde", aber irgendwie wurde die Zeit immer knapp und somit auch wieder Frust. Außerdem funktioniert das mit meiner Kleinen noch nicht so gut, dass sie in ihrem Zimmer bleibt, während ich allein mit dem Großen in seinem Zimmer bin. Somit bleiben wir einfach zusammen und in dieser halben Stunde denkt sich das entsprechende Kind aus, was alle mitmachen.

Das geht. Meist.

So gibt es den einen Tag eben Puzzle, Memory, malen, singen und tanzen oder Matschkuchen bauen während wir den anderen Tag Mikado spielen, im Pool Arschbomben üben, eine Geschichte lesen oder Kaplatürme bauen.

Und auch, wenn ich immer noch viele Tage habe, an denen sich meine Lust in Grenzen hält (ich habe es einfach übertrieben mit dem Kinderspiel), so widme ich mich doch in dieser halben Stunde ganz meinen Kindern. Und so langsam kehrt auch der Spaß zurück.

Denn da ich weiß, dass die Zeit begrenzt ist und auch, weil ich nicht bestimmen muss, was wir machen, kann ich es wieder genießen. Und jedes Kind hat mal die ungeteilte Aufmerksamkeit (außerhalb des Abendrituals).

Und dann gibt es da ja noch *meine* halbe Stunde.
Mittlerweile spielen die Kinder schon ganz automatisch im Sandkasten oder in ihren Zimmern, wobei es doch anfangs schwierig war, ihnen zu erklären, dass Mama jetzt in Ruhe ihren Kaffee trinkt und danach bereit zum Weiterspielen ist.
Wir scheinen das alle zu genießen. Oder es ist einfach nur meine Auslegung, damit ich mich besser fühle.
Ich jedenfalls erhole mich dadurch immer mehr. Was ja, wie gesagt, auch von elementarer Bedeutung für den Familienfrieden im Allgemeinen ist.
Was ich aus meiner Zeit vor dem Zusammenbruch noch beibehalten habe ist unser (meist) täglicher Spaziergang. Wenn ich die Kinder aus ihren Einrichtungen abgeholt habe, gehen wir erst einmal irgendwo ne Stunde laufen. Immer mal woanders. Mal durch den Wald, mal durch den Park mit Teich, mal über die Felder oder zum Fließ. Egal, es gibt immer was zu sehen.

Nur nehme ich jetzt nicht mehr ständig irgendwelche "Belustigungsmaterialien" mit sondern wir lassen uns einfach überraschen. Und was soll ich sagen: Bisher haben wir immer irgendwas erlebt da draußen. Sei es nur die Veränderung der Natur im Wandel der Jahreszeiten. Es ist toll, dass ich dies meinen Kindern mitgeben kann.
Unsere Zeit in der Natur wird die wohl maßgeblichste und vielleicht prägendste Erinnerung an ihre Kinderzeit sein. Doch ein bisschen wie in Bullerbü, oder?
Und etwas anderes habe ich mir von Astrid Lindgren übernommen. Bullerbü ist genau genommen und aus heutiger Sicht betrachtet, die absolute Eintönigkeit. Da gibt es weit und breit nur den Nordhof, den Mittelhof und den Südhof und deren Bewohner. Dazu ein paar Tiere und sonst nichts. Natur soweit das Auge blicken kann und dann die nächste Ansiedlung von Menschen einen Fußmarsch von einer Stunde (oder so) entfernt, wo die Kinder zur Schule gehen. Keinen Fernseher, keine Tablets oder sonstige interaktive Medien, keine Erdbeerhöfe oder Spaßbäder. Jedes Fest wird mit gleichen Bräuchen gefeiert, es ändern sich eigentlich nur die Jahreszeiten.

Und trotzdem wollen wir alle Bullerbü für unsere Kinder. Warum?
Weil es irgendwie eben der Inbegriff von Glück ist wie diese Kinder dort aufwachsen.
Keine Autos, keine gestörten Typen, nur heile, langweilige Welt.

Aber hätten wir so ein Bullerbü, was um Himmels willen würden wir dann tagtäglich in unserem WhatsApp-Status posten?
Wir wären raus.
Keiner würde mehr bewundern, wie abwechslungsreich und spannend unser Leben wäre und wie kreativ wir jeden Tag nutzten, als wäre es unser letzter.
Nein, jeder Tag wäre wie der andere irgendwie.
Aber behütet. Entspannt.
Wir müssen uns entscheiden, was wir wollen.
Welches Leben würde uns glücklicher machen?
Oder scheint es nur so, dass es in Bullerbü ganz schön langweilig gewesen sein muss? Den Geschichten nach zu urteilen haben die da doch ne Menge Spaß.
Ich jedenfalls versuche es wieder mit einem Kompromiss.

Ich probiere einfach mal aus, wie so ein Bullerbü-Alltag wäre.
Also überlasse ich, wie ich ja eingangs schon erwähnt hatte, die Kinder immer mehr sich selbst.
Sie entscheiden, was sie spielen und wo auf unserem Hof sie das tun. Klar, es gibt Regeln. So dürfen sie natürlich nicht querfeldein durch Omas junge Tomatenanpflanzung wetzen und auch nicht in Papas Werkstatt. Und natürlich schauen wir regelmäßig nach, was die beiden so treiben. Aber wenn´s warm ist, sollen sie barfuß durch die Hühnerkacke laufen und Schlammkuchen backen. Zur Not werden sie dann eben mit dem Gartenschlauch abgespritzt.
Ja, ihr erinnert euch richtig, wenn euch das bekannt vorkommt. Vor meinem Burn-out habe ich diese Matschabenteuer auch schon erlaubt, jedoch nur, um dann ein lustiges Foto zu machen nach dem Motto: Schaut, wie naturverbunden und unbeschwert meine Kinder aufwachsen. Und der Dreck hat mich krank gemacht, weil ich auch die ganze Zeit daneben stand.
Jetzt lasse ich sie machen, rechne mit dem Schlimmsten und habe aber auch im Gegenzug dann viel Zeit, in der ich in Ruhe meine Arbeit machen kann.

Den Preis zahle ich gern. Meistens. Manchmal zahle ich ihn auch mit dem Gedanken, wie ich das nur wieder hatte zulassen können ;-).

Am Wochenende das Gleiche. Ich habe mir abgewöhnt, ständig irgendetwas Interessantes erleben zu wollen.

Carpe Diem wird meiner Meinung nach heutzutage vollkommen falsch verstanden.

Wir hetzen durch unser Leben, um ja nix zu verpassen und schaffen es dabei jedoch nicht, das Alltägliche zu genießen.

Eine Attraktion löst die nächste ab, immer besser, größer, spannender und spaßiger als die vorherige.

Schon für die Kinder. Und die? Was, wenn sie irgendwann alles kennen und alles haben? Sind die es nicht, die später depressiv werden, weil sie nichts mehr kickt? Warum müssen wir immer alles sofort haben und erleben?

Einfach mal nur normale Sachen machen. Jeden Tag am Alltäglichen was Neues entdecken. Heute wie gestern.

Unsere Aktivitäten sind mittlerweile herrlich entspannt. Mal ne Fahrradtour oder ne Fahrt zum Eisladen. Treffen mit Kumpels ausm Dorf zum Fußballspielen. Mal

ne Runde Schlittenfahren von "Lischkes Berg" oder im Sommer dann jeden Nachmittag an den See.
Nur noch ein- bis zweimal im Jahr ein Erdbeerhof oder Aquarium oder Zoo. Wir haben Angst, dass wir unsere Zeit nicht gut genug nutzen. Aber wenn wir uns mehr entspannen können, nicht mehr so hetzen und planen, sind wir dann nicht irgendwie auch zufriedener? Und wo Zufriedenheit ist, ist da nicht auch Lachen, Genießen können, Spontanität und Kreativität?
Ich kann euch da, ehrlich gesagt, noch gar keine definitive Antwort geben, denn ich probiere das selbst ja gerade erst eine Weile aus. Aber es fühlt sich gut an.
Wir sind, entgegen meinen Befürchtungen, alle ziemlich zufrieden. Ich arbeite an neuen Projekten (wie diesem Buch), mein Mann atmet merklich auf, hat er diesen Ausflugsmarathon eh nie gebraucht und tut endlich das, was er am liebsten macht, nämlich handwerkeln, gärtnern, hier ein bisschen, da ein bisschen. Und die Kinder?
Die wollen als Erstes morgens schon raus und sehen, was der neue Tag so an Abenteuern auf dem Hof bereithält. Keine Spur von Langeweile. Meist.
Anders sieht es natürlich aus, wenn man in der Stadt wohnt. Aber da gibt es ja so tolle Spielplätze und Parks.

Und Muttis, noch ein kleiner Tipp am Rande zum Thema Spielplatz: Bitte seid nicht so doof wie ich und hangelt selbst noch am Reck herum und versucht euch in Schweinebaumel mit der Intention, etwas Lustiges mit euren Kindern anzustellen und als Supermutti die Bewunderung der anderen Mütter einzuheimsen ... es ist leider nur peinlich. Nix weiter. Keiner beneidet euch darum, keiner denkt in Anbetracht dessen, dass ihr da am Netz hängt, ihr wärt cool.

Also wie gesagt, wir machen es uns so einfach, wie es geht. Ein Kindergeburtstag ist nach wie vor ein Highlight bei uns und ich liebe es, meine Kinder an diesem Tag zu verwöhnen und die Freude in ihren Augen blitzen zu sehen (jaa, bisschen dick aufgetragen, aber gönnt mir das bitte an dieser Stelle). Eine ältere Dame erzählte mir einst, dass sie und ihre Geschwister zum Geburtstag immer eine Schachtel Pralinen vor die Kinderzimmertür gelegt bekommen hätten. Punkt. Keine Glückwünsche, keine Party, keine Geschenke. Nichts außer den Pralinen. Traurig irgendwie, oder?Schnief...
Und mein Papa durfte sich zu seinem Geburtstag immer drei Kinder einladen. Dann gab es Kuchen und

gesittetes Spielen im Kinderzimmer. Zum Abendbrot Wiener und gut. Jedes Jahr.

Na ja, irgendwas zwischen einem Superlativ-Motto-Geburtstag mit Clowns und bezahlten Elsa- Imitatorinnen und einer lausigen Schachtel Pralinen ohne liebes Wort wollte ich schon.

Ich liebe seeehr ausgedehnte Schatzsuchen und da gebe ich mir immer richtig Mühe. Zwei Stunden durch Wald und Feld mit Rätseln und so. Aber eben jedes Jahr.

Nicht immer wieder was Neues.

Und ja kein Mottoscheiß, bei dem ich mich dann selbst auch noch als Piratin verkleide. Oh nein, die Zeiten sind wahrlich vorbei.

Eingeladen werden nur *die* Freunde, mit denen meine Kinder tatsächlich auch spielen. Wenn auch nur zwei. Umso entspannter für uns Erwachsene. Nicht mehr das halbe Dorf, um zu zeigen, wie beliebt wir sind. Gibt ja nun mal keine Beliebtheitspreise. Und den zusätzlichen Stress ist es nicht wert.

Auch keine Geschenke für die Gäste mehr.

Wer hat sich *diesen* Blödsinn eigentlich ausgedacht?

Während meiner Zeit als Supermutti hatte ich immer sehr aufwendige Geschenktüten, die teilweise mehr

wert waren als das, was mein Kind dafür von den Gästekids bekommen hat.
Nur, um mich wieder darzustellen.
Das fällt aus. Letztes Jahr waren die Tüten schon nur noch mit Naschwerk gefüllt, in diesem Jahr werde ich es das erste Mal und wahrscheinlich auch als Einzige boykottieren.
Alle meine Freunde regen sich über dieses Ritual auf, aber keiner traut sich, die Goodie bags wegzulassen. Ich mach das dieses Jahr. Bestimmt ... (?)

Kapitel 19

Und was wird nun mit Bullerbü?

19

Und was wird nun mit Bullerbü?

Okay, jaaaa, ich träume immer noch von Bullerbü. Aber ich glaube auch, dass wir das alle insgeheim tun.

Wir alle träumen von unserem *ganz eigenen* Bullerbü. Die perfekte Welt aus unseren Vorstellungen.

Wir streben danach, für uns und unsere Kinder irgendwann in dieser perfekten Welt zu leben.

Und wie gesagt, auch ich tue das.

Perfektionismus ist ja auch per se nicht schlecht, sofern er sich an unseren *eigenen* Wertvorstellungen und Prioritäten orientiert, ist er sogar äußerst nützlich. So dient er doch der eigenen Weiterentwicklung und das halte ich persönlich ja für einen der entscheidendsten Faktoren zum Glücklichsein.

Sich selbst immer wieder an Grenzen zu bringen, Neues zu probieren, zu lernen. Und zu träumen. "Wer ein (starkes) Warum hat, erträgt fast jedes Wie" sagte schon Nietzsche.

Und das stimmt, denke ich.

Lasst uns unsere schönste und schillerndste, wunderbarste und heilste Bullerbü-Welt in unseren Vorstellungen erschaffen und dann danach streben, wenigstens einen Teil davon umzusetzen.

Wir *brauchen* Bullerbü! Und unsere Kinder brauchen Bullerbü!

Oder das, was wir damit verbinden. Jeder anders.
Für mich ist es das Leben mit der Natur und ihren Jahreszeiten. Dass meine Kinder immer etwas länger draußen sind als drinnen. Sonne und Wind erleben und wissen, dass der Regen im Sommer anders riecht als im Herbst. Ich will, dass sie wissen, dass Schnee besonderer schmeckt als normales gefrorenes Wasser und dass Kindheitsbilder vor ihnen auftauchen, wenn sie als Erwachsene mit ihren Kindern Schnee essen. Ich will, dass sie wissen, wie es ist, ganz oben auf einer hunderte Jahre alten Eiche zu sitzen und zu rufen: "Ich bin der König der Welt!" Und ich freue mich auf die Nachmittage, an denen sie von ihren Streifzügen durch die Natur total hungrig nach Hause kommen und erzählen, dass sie ganz allein eine Brücke über den Fließ gebaut

haben. Dass sie zwar ein paarmal reingefallen sind, aber nicht aufgegeben und sie trotzdem fertiggestellt haben. Dass es bei uns Bräuche und Rituale gibt, die immer so sind und immer so bleiben.

Verlässlichkeit.

Ein warmer Ofen (na gut, im übertragenen Sinne, denn so was haben wir nicht) und ein leckerer Tee und viele Geschichten zum Hören und Lesen im Winter.

Heimeligkeit.

Ich bin nun mal Weihnachtsfetischistin. Dazu stehe ich auch. Keine Kompromisse an dieser Stelle. Weihnachten ist mein Ein und Alles. Und Ostern. Und Kindergeburtstage. Und Einschlafrituale. Und Wochenendrituale.

Und...wie ihr euch sicher denken könnt, ich bin nicht unbedingt ein Freund von unvorhergesehenen Ereignissen und Spontanität. Aber so ist das halt. Ein bisschen Verschrobenheit kann auch nicht schaden ... hoffe ich zumindest.

Und ich möchte ein richtiges Zuhause schaffen.

Ein Ort, an dem man sein darf, wer man eben ist.

Manchmal ziemlich liebesbedürftig, manchmal gern allein. Auch mal schwach und verheult. Ein Ort zum

Ausruhen und zum Kräfte tanken für die Welt da draußen.

Eine Welt, die über und über voll mit Bäumen ist und zwitschernden Vögeln, klaren Bächen, bunten Blumen und dem herrlichen Geruch nach Gras im Regen.

Eine Welt der achtsamen, zufriedenen Menschen, die wissen, dass nur Respekt gegenüber allem Lebendigen und das Verwirklichen der eigenen Ziele Zufriedenheit bringt und nicht Konsum und Zerstörung.

Der ganze Klischeekram mal wieder. Na ja, so ist nun mal mein Traum von Bullerbü.

Aber eben ohne *selbst* gekochte Marmelade und *selbst* gebackenes Dinkelbrot.

Mein Bullerbü hat überall so niedliche kleine Hofläden, in denen man das kaufen kann.

Das Brot backen dann die, die es besser können.

In meinem Bullerbü soll jeder mit seinen Fähigkeiten und Gaben zum Gemeinwohl beitragen.

Was der eine nicht kann, macht der andere für ihn.

Und trotzdem, ich würde schon gerne ein bisschen häuslicher sein und zum Wochenende Kuchen backen.

Und ein bisschen mehr Gärtnerin.

Und wieder mehr Gedichte von Goethe lesen und dabei dem Blätterrauschen unter einem alten Baum lauschen.
Aber wie gesagt, das sind meine Bullerbü-Träume.
Und da ist noch viel Potenzial, klar. Aber ich gebe nicht auf. Kommt Zeit ... Und Rom wurde schließlich auch nicht an einem Tag erbaut.

Also was ich sagen will ... oder nein, ich sage nichts. Ich lasse einen der für mich größten Musiker unserer Zeit sprechen mit ein paar Zeilen aus einem seiner wunderbarsten Lieder:

"Bitte hör nicht auf zu träumen
von einer besseren Welt.
Fangen wir an, aufzuräumen!
Bau sie auf, wie sie dir gefällt."*

Macht euer eigenes Bullerbü und lasst die Welt ein bisschen daran teilhaben! Ahhh, welch schöner Gedanke, oder?

**Xavier Naidoo "Bitte hör nicht auf zu träumen" aus "Alles kann besser werden", 2009 Naidoo Records, Sony*

Kapitel 20

Meine Kinder sind in jeglicher Hinsicht normal

20

Meine Kinder sind in jeglicher Hinsicht normal

Natürlich ist jedes Kind für seine Eltern etwas ganz Besonderes.

Ich hoffe jedenfalls für alle Kinder dieser Welt, dass sie es sind.

Aber ... sie sind es für niemanden sonst.

Ich dachte früher immer, dass doch jeder sehen müsste, wie wunderbar und einzigartig meine Kinder wären. Und ich tat alles in meiner Macht Stehende* dafür, dass es immer offensichtlicher würde. Und darüber hinaus versuchte ich alles, um diese Kinder noch herausragender zu machen. Jeder sollte sehen: "Ahhh, diese zwei Mäuse sind aber weit für ihr Alter!" Das sage ich hier in diesem Buch zum ersten Mal. Früher hätte ich das natürlich nicht auf diese Weise kommuniziert, aber wie gesagt, meine Kinder sollten die Besten sein.

Wäre mir vielleicht auch irgendwie gelungen, wenn es nicht *meine* Kinder gewesen wären.

Denn meine Kinder besitzen Eigenheiten, die der Perfektion klar im Wege stehen (was ich heute sehr zu schätzen weiß).

Keine Frage, ich habe kluge Kinder. Wie die von meiner Freundin auch. Und eure.

Und sie sind süß. Mal mehr, mal weniger, kommt auch bissel aufs richtige Licht an.

Und lieb, wenn sie wollen.

Aber mein Sohn ist oft mürrisch und dann überhaupt nicht "gesellschaftsfähig" (hat er vom Papa ;-)). Höflich ist er nur, wenn er dran denkt, dass ich das gerne mag. Er ist verträumt und hibbelig, zuweilen laut und anstrengend, diskutiert gern und kann kaum Grenzen akzeptieren. Er trägt seit seinem dritten Lebensjahr schon eine Brille und seine oberen beiden Schneidezähne haben sich, begründet durch einen Sturz über den Fahrradlenker, vor zwei Jahren schon verabschiedet und wollen nun partout nicht nachwachsen.

Genauso wie meine Tochter. Sie pfeift auf hübsche Zöpfchen und hat die kräftigen Beine ihrer Oma (na gut, oder meine;-)), isst für ihr Leben gerne, wobei sie durch die Gegend stapft wie ein kleiner resoluter Bauer. Kennt ihr "Tippi aus Afrika"**? So ist mein Mädchen, sieht auch fast genauso aus. Sie ist noch eigenwilliger als ihr Bruder, was ich vorher auf meinen demokratischen Erziehungsstil schob, das aber revidieren musste, weil es sich bisher (trotz meiner optimierten Erziehung) nicht geändert hat. Sie diskutiert noch mehr und schärfer als ihr Bruder, womit sie manchmal die ganze Familie zur Verzweiflung bringt.

Meine Kinder nehmen manchmal lieber eine Strafe in Kauf, als dass sie nachgeben.

Die Kleine heult oft ohne Grund und lügt ohne rot zu werden.

Dennoch würde ich beide um keinen Preis der Welt eintauschen, klar. Niemals.

Es sind *meine* Kinder.

So unperfekt wie ich.

Nicht superschlau und nicht immer höflich und mit wehenden Löckchen und so.

Aber mein Sohn ist der ehrlichste und gerechteste Mensch, den ich kenne, er legt sich sogar mit den ganz großen Jungs an, wenn es darum geht, einer Hummel das Leben zu retten (ich heule grad vor Ergriffenheit). Und er interessiert sich wie kein anderer dafür, wie die

Welt funktioniert. Er ist gradlinig und ich glaube, auch so loyal wie sein Papa.
Und meine Kleine? Die kann Leute unterhalten. Sie ist ein süßer Sonnenschein. Okay, ein dickköpfiger Sonnenschein. Einer, der vor nix Angst hat und bereit ist, die Welt zu erobern. Wenn sie mir auf ihre Weise die Dinge erklärt oder tanzt, dann bereichert sie damit meinen Tag, wie es sonst kaum etwas vermag.
Ich erwarte nicht mehr, dass sie alles perfekt können. Obwohl ich mir schon manchmal sehr auf die Zunge beißen muss, um nicht laut loszupoltern, wenn ich mir die loddrige Schreibschrift meines Sohnes so ansehe. Das kann er besser, weiß ich. Aber vielleicht auch nicht. Vielleicht hat er sich schon riesig Mühe gegeben, um das so hinzubekommen.

Ich finde, wir sollten wieder anfangen, es zu belohnen, wenn sich jemand bemüht.
Das ist in unserer Gesellschaft sehr verpönt,das "Bemühen". "Hat sich stets bemüht" wird gleichgesetzt mit "ist einfach zu doof".
Aber das finde ich irgendwie ungerecht. Ist doch toll, wenn sich jemand bemüht. Das sollten wir würdigen.

Ansonsten haben unsere Kinder doch bald keinen Bock mehr aufs Lernen.

Das Schreiben klappt bei meinem Sohn halt nicht so gut, dafür wird es, wenn er sich in Mathe *bemüht*, immer fehlerlos.

Aber ich merke natürlich auch, wenn sich meine Kinder nicht bemühen. Schon meine dreijährige Tochter malt manchmal Bilder, die ganz klar widerspiegeln, dass sie sich keineswegs bemüht hat und nur ein schnelles Lob abfassen will. Man merkt das als Eltern, oder? Aber das gibt es bei mir nicht (mehr). Bemühen muss sein, Ergebnis ist zweitrangig, wenn nicht gar egal. Und dann gibt es gerne auch Lob.

Andernfalls ist es, so glaube ich jedenfalls, gar nicht gut für ihr Selbstwertgefühl. Ich verschenke kein Lob mehr. Und damit tue ich meinen Kindern einen großen Gefallen. Die Welt da draußen schmeißt auch nicht mit Lob um sich.

Am besten ist es sowieso, wenn die Kinder unabhängig sein können vom Lob der anderen. Darauf arbeite ich vehement hin.

Das ist eines meiner wichtigsten Erziehungsziele.

Echtes Selbstwertgefühl wächst, davon bin ich überzeugt, nur aus dem, was man für sich selbst durch Disziplin oder Überwindung der eigenen Grenzen erreicht hat.

So war es zum Beispiel für meinen Sohn unendlich schwer, das Schleifebinden zu erlernen. Ich habe es ihm sooo oft gezeigt und er hat es sooo oft versucht. Ohne Erfolg. Aber irgendwann, als er kurz davor war, endgültig hinzuschmeißen, hat es endlich geklappt. Ihr könnt euch vorstellen, wie stolz er war.

Dieser Stolz erwächst nicht aus dem, was man bereits gut kann. Das ist wahres Selbstwertgefühl und es wächst, indem man Dinge so lange probiert, bis man sie beherrscht.

Ich sage dann immer zu meinen Kindern: Merke dir dieses Gefühl, es ist die Belohnung dafür, dass du nicht aufgegeben hast.

Es ist dass (für mich) schönste Gefühl der Welt, tausendmal mehr wert, als irgendein fremdes Lob! Vielleicht sind viele von uns deshalb so unzufrieden, weil sie keine Grenzen mehr überwinden und nichts Neues lernen? Vielleicht ist es auch einer der Gründe, warum unsere Jugendlichen heutzutage so ziellos sind, weil sie kein Vertrauen in ihre Fähigkeiten haben, einfach weil sie sich nicht mehr durchbeißen müssen? Vielleicht machen wir es unseren Kindern zu einfach?

Ich möchte, dass meine Kinder sich immer daran erinnern, wie stolz sie in den Momenten waren, als sie etwas aus eigener Kraft heraus geschafft haben, obwohl sie zuerst dachten, das könnten sie nie.
Genau dieses Gefühl gibt ihnen fürs Leben das Vertrauen, dass sie (fast) *alles* schaffen können.
Wenn ich als Mutter ihnen das vermitteln kann, habe ich beste Arbeit geleistet (auch wenn ich vorher dachte, das schaffe ich nie;-)).

Das jedenfalls sind meine Kinder. Beide sehr empathisch. Das Beste, was ich habe.
Und so besonders, wie es eure Kinder für euch sind.
Ansonsten eben normal.
Sie sollen endlich frei aufwachsen können und nicht mehr dem Druck ausgesetzt sein, ihre Mutter bestmöglich repräsentieren zu müssen.
Denn ich glaube schon, dass Kinder sowas spüren.
Also kein Extra-Aufhübschen mehr, kein stressiges Ausflugshopping, um was erzählen zu können, keine gestellten Fotos mehr für Insta oder den WhatsApp-Status.
Gelebte Mittelmäßigkeit.

Und ja, auch sie sind den anderen egal. Ein Fakt, den ich ja früher nicht akzeptieren wollte. Mittlerweile bin ich sehr erleichtert.

Ich kann und will das auch nicht ändern.

Ich habe nicht den nächsten Heiland geboren (Gott sei Dank, welche Verantwortung wäre das gewesen), sondern nur zwei Kinder, die hoffentlich von zu Hause soviel mitbekommen, dass sie sich ihres Wertes, ihrer Eigenheiten und ihrer Fähigkeiten bewusst und darauf stolz sind. Kinder, die keine Hamster im Konsumrad werden, sondern ehrliche Menschen, die sich trauen, eine eigene Meinung zu haben und diese auch im Außen zu vertreten, egal, ob ihnen das zum Nachteil gereicht werden könnte. Menschen, die wissen, dass man respektvoll mit den Dingen und im Besonderen mit den Lebewesen umgehen muss und keine Ressourcen verschwenden sollte. Menschen, die sich selbst über alles lieben und doch nur ein klitzekleines Ego haben. Die spüren, dass nur *sie selbst* es sind, die ihr Leben verändern können und die sich niemals der Bequemlichkeit geschuldet als Opfer sehen.

Na ja, ihr wisst, was ich meine.

Zufriedene kleine und später große Leute, die einfach wissen wollen, wie der Hase läuft, die ihr Ding machen und dabei keinem auf den Puffer gehen.
Es sei denn, es geht um Größeres. Weltfrieden oder so. Da muss man schon mal dem ein oder anderen auf die Füße treten. Logisch.

Am besten schließe ich dieses Buch nun mit einem sehr treffenden Zitat aus einem tollen Film, den ich letztens sah (ich liiiiebe die Marvel-Filme;-)). Ich musste mir diesen Satz aufschreiben, denn ich hatte beim ersten Hören sofort Tränen in den Augen und wusste, dass dies der berühmte letzte Satz sein sollte für mein "Projekt Buch", weil es sozusagen die Kernaussage dessen ist, was ich hier vermitteln möchte:

"Schließe Kompromisse wo immer du kannst.
Aber wo du es nicht kannst, tu es auch nicht.
Selbst, wenn dir alle sagen, dass etwas, das falsch ist, richtig wäre.
Selbst, wenn die ganze Welt dir sagt, dass du beiseite gehen sollst,
ist es deine Pflicht,
wie ein Baum vor ihnen zu stehen,
ihnen in die Augen zu sehen und zu sagen: Nein, ihr geht beiseite!"

(aus "The First Avenger-Civil War" Disney 2016)

Für euch liebe Mamis, die ihr in der Lage seid, das ganz große Geschehen zu lenken, wenn ihr euch dessen bewusst werdet, welch großen Einfluss ihr habt. Tragt hoch eure Köpfe, seid stolz und haltet zusammen statt euch zu aneinander zu messen!
Und für eure wunderbaren, besonderen, unperfekten, weltverbessernden Kinder!
Es gibt viel zu tun!

**So steht das tatsächlich im Duden. Wollt ich auch erst nicht glauben. Sieht doch total behämmert aus, oder?*

***"Tippi aus Afrika" ist eines der für mich wunderbarsten Kinder- und Erwachsenenbücher ever, geschrieben von Tippi Degrè selbst, erschienen 2003 bei Ullstein*

Über die Autorin

Das bin ich, Jessika, die Verfasserin des vor euch liegenden Buches. Ich bin ziemlich über die Dreißig (+/- ein paar Jahre ... okay, eher +++ ;-)) und lebe mit meinem langjährigen Lebensgefährten und unseren beiden entzückenden und uns regelmäßig bis kurz vor den Wahnsinn treibenden Kindern Carlos (7) und Sam (3) in einem verschlafenen brandenburgischen Dorf südlich von Berlin. Wir wohnen sehr idyllisch auf nem alten Hof mit Scheune und so (also viel Platz zum "sich-Zumüllen"). Gemeinsam mit uns leben hier noch Uroma, Uropa, Oma, Opa, Schäferhündin Zulu, ganz viele Hühner, momentan Trilliarden von Feuer- und Kartoffelkäfern und bis vor kurzem auch noch Kaninchen. Die hat Uroma nun aber abgeschafft, weil sie die immer so fett gefüttert hat, dass sie keiner mehr essen wollte. Ich freue mich darüber und ziehe in Erwägung, ein paar Laufenten anzuschaffen. Natürlich nicht zum Essen. Mal schauen... ihr seht, ich weiß eigentlich nicht so richtig, was ich noch schreiben soll!

Denn im Prinzip steht alles, was es vielleicht Interessantes über mich zu wissen gäbe, im Buch ... denke ich.

Wenn ihr trotzdem noch Fragen habt, mailt mir doch einfach unter :

glueckssucherin@gmx.net oder besucht meine **Facebookseite (Die Glückssucherin)**

und hinterlasst mir dort ein paar Zeilen, ich freue mich darauf, von euch zu hören.
Und ... klar freue ich mich auch riiiiiiesig über eine Bewertung auf Amazon, wenn euch das Buch gefallen hat. Wenn nicht, seid so lieb und schreibt mir das vielleicht

persönlich, da kann ich dann auch besser auf eure Kritik eingehen.

Soooo, was noch?

Nix, alles gesagt. Eventuell hören wir ja voneinander. Oder, wenn`s gut läuft, schreibe ich vielleicht ja noch ein Buch, wer weiß?!

Printed in Germany
by Amazon Distribution
GmbH, Leipzig

20629881R00164